Guido Keimer

Standardsoftware für das Supply-Chain-Manageme

I0013993

Bibliografische Information der Deutschen Nationalbibliothek:

Bibliografische Information der Deutschen Nationalbibliothek: Die Deutsche Bibliothek verzeichnet diese Publikation in der Deutschen Nationalbibliografie; detaillierte bibliografische Daten sind im Internet über http://dnb.d-nb.de/ abrufbar.

Copyright © 1999 Diplomica Verlag GmbH
Druck und Bindung: Books on Demand GmbH, Norderstedt Germany
ISBN: 9783838618364

http://www.diplom.de/e-book/217688/standardsoftware-fuer-das-supply-chain-management

Guido Keimer

Standardsoftware für das Supply-Chain-Management

Diplom.de

Guido Keimer

Standardsoftware für das Supply-Chain-Management

Diplomarbeit
an der Universität des Saarlandes
Juli 1999 Abgabe

Diplomarbeiten Agentur
Dipl. Kfm. Dipl. Hdl. Björn Bedey
Dipl. Wi.-Ing. Martin Haschke
und Guido Meyer GbR

Hermannstal 119 k
22119 Hamburg

agentur@diplom.de
www.diplom.de

ID 1836
Keimer, Guido: Standardsoftware für das Supply-Chain-Management / Guido Keimer ·
Hamburg: Diplomarbeiten Agentur, 1999
Zugl.: Saarbrücken, Universität, Diplom, 1999

Dipl. Kfm. Dipl. Hdl. Björn Bedey, Dipl. Wi.-Ing. Martin Haschke & Guido Meyer GbR
Diplomarbeiten Agentur, http://www.diplom.de, Hamburg
Printed in Germany

Diplomarbeiten Agentur

Wissensquellen gewinnbringend nutzen

Qualität, Praxisrelevanz und Aktualität zeichnen unsere Studien aus. Wir bieten Ihnen im Auftrag unserer Autorinnen und Autoren Wirtschaftsstudien und wissenschaftliche Abschlussarbeiten – Dissertationen, Diplomarbeiten, Magisterarbeiten, Staatsexamensarbeiten und Studienarbeiten zum Kauf. Sie wurden an deutschen Universitäten, Fachhochschulen, Akademien oder vergleichbaren Institutionen der Europäischen Union geschrieben. Der Notendurchschnitt liegt bei 1,5.

Wettbewerbsvorteile verschaffen – Vergleichen Sie den Preis unserer Studien mit den Honoraren externer Berater. Um dieses Wissen selbst zusammenzutragen, müssten Sie viel Zeit und Geld aufbringen.

http://www.diplom.de bietet Ihnen unser vollständiges Lieferprogramm mit mehreren tausend Studien im Internet. Neben dem Online-Katalog und der Online-Suchmaschine für Ihre Recherche steht Ihnen auch eine Online-Bestellfunktion zur Verfügung. Inhaltliche Zusammenfassungen und Inhaltsverzeichnisse zu jeder Studie sind im Internet einsehbar.

Individueller Service – Gerne senden wir Ihnen auch unseren Papierkatalog zu. Bitte fordern Sie Ihr individuelles Exemplar bei uns an. Für Fragen, Anregungen und individuelle Anfragen stehen wir Ihnen gerne zur Verfügung. Wir freuen uns auf eine gute Zusammenarbeit

Ihr Team der *Diplomarbeiten* Agentur

Dipl. Kfm. Dipl. Hdl. Björn Bedey –
Dipl. Wi.-Ing. Martin Haschke ——
und Guido Meyer GbR ————

Hermannstal 119 k ————
22119 Hamburg ————

Fon: 040 / 655 99 20 ————
Fax: 040 / 655 99 222 ————

agentur@diplom.de ————
www.diplom.de ————

Inhaltsverzeichnis

I

Abbildungsverzeichnis

Tabellenverzeichnis

Abkürzungsverzeichnis

APO	Advanced Planner and Optimizer
APS	Advanced Planning and Scheduling
ATP	Available To Promise
BBP	Business To Business Procurement
Bzw.	Beziehungsweise
CRP	Continuous Replenishment Planning
CTP	Capable To Promise
d. h.	das heißt
ECR	Efficient Consumer Response
EDI	Electronic Data Interchange
i. d. R.	in der Regel
ERP	Enterprise Resource Planning
IT	Informationstechnologie
JIT	Just in Time
MILP	Mixed Integer Linear Programming
MRP	Material Requirement Planning
MRP II	Manufacturing Resource Planning
POS	Point Of Sale
PPS	Produktionsplanung und –steuerung
SCC	Supply-Chain Council
SCE	Supply-Chain Execution
SCM	Supply-Chain Management
SCOR	Supply-Chain Operations Reference-model
SCP	Supply-Chain Planning
TLB	Transport Load Building
usw.	und so weiter
Vgl.	Vergleiche
VL	Vehicle Loading
VMI	Vendor Managed Inventory
z. B.	zum Beispiel

1 Grundlagen des Supply-Chain-Managements

1.1 Motivation der Untersuchung

Unternehmen sind heute mehr denn je durch einen härteren Wettbewerb auf einem globalen Markt und Forderungen nach einer höheren Rendite dazu gezwungen, neue Wege zur Verbesserung ihrer Wettbewerbsfähigkeit zu gehen.

In der Vergangenheit wurden die betriebswirtschaftlichen Geschäftsprozesse eines Unternehmens wie Beschaffung, Auftragssteuerung, Produktion, Lagerung, Distribution und Vertrieb in erster Linie aus einer isolierten, unternehmensinternen und funktionsabhängigen Sicht betrachtet. Diese Betrachtungsweise genügt den heutigen Gegebenheiten nicht mehr. Um wettbewerbsfähig zu bleiben ist es notwendig, die wertschöpfenden Prozesse über die gesamte Wertschöpfungskette (Supply-Chain), d. h. vom Rohstofflieferanten bis zum Endkunden, zu betrachten. Aus dieser Überlegung heraus hat sich seit Mitte der neunziger Jahre das Supply-Chain-Management (SCM) entwickelt.[1]

Grundgedanke des SCM ist die Berücksichtigung der Abläufe zwischen den Partnern innerhalb einer Supply-Chain. Somit soll ein Optimum nicht länger aus der Sicht jedes einzelnen Unternehmens sondern über die ganze Kette hinweg erzielt werden. Erst diese ganzheitliche Sicht auf eine Supply-Chain erlaubt es, mit international konkurrenzfähigen Leistungen und Kosten auf dem Markt zu bestehen. SCM beschreibt insbesondere die Planung und Steuerung der gesamten Logistikkette bzw. des Logistiknetzwerkes innerhalb eines Unternehmens und über die beteiligten Unternehmen hinweg.[2]

Aufgrund großer Datenvolumina und sich ständig ändernder komplexer Problemstellungen innerhalb einer Supply-Chain liegt der Einsatz von modernen Kommunikations- und Informationstechnologien nahe. Deshalb hat sich in den letzten Jahren der Markt im Bereich der Standardsoftware entsprechend entwickelt. Das amerikanische Forschungsinstitut Advanced Manufacturing Research (AMR) schätzt die Gesamtausgaben für das SCM auf 14 Milliarden Dollar im Jahr 2002. Im Vergleich zu den knapp 3 Milliarden Dollar, die 1998 für SCM ausgegeben wurden, bedeutet dies eine jährliche Wachstumsrate von 50%. Bisher ist SCM vor allem ein Thema für Großunternehmen, allerdings sieht das AMR ein großes Marktpotential bei mittelständischen Firmen.[3]

---

[1] Vgl. *Kuhn et al.* (1998), S. 7.
[2] Vgl. *Luczak et al.* (1999), o. S.
[3] Zitiert nach *Kroker* (1999), S. 31.

Untersuchungsgegenstand dieser Diplomarbeit ist die Darstellung der zur Zeit von den Markt-führern angebotenen SCM-Standardsoftwarelösungen. Dabei habe wurde sich auf die zur Zeit aktuelle Literatur und Angaben der Softwarehersteller berufen. Es folgt eine Überprüfung der Software auf ihre Leistungsfähigkeit hinsichtlich der betriebswirtschaftlichen Funktionen, d. h. welche Funktionen werden angeboten, wo bestehen Verbesserungsmöglichkeiten. Besonderes Augenmerk dieser Untersuchung liegt auf der Zulieferer-Abnehmer-Beziehung, die im folgenden vierstufigen Versorgungskettenmodell (Abbildung 1) durch Lieferanten und Fabriken dargestellt ist.

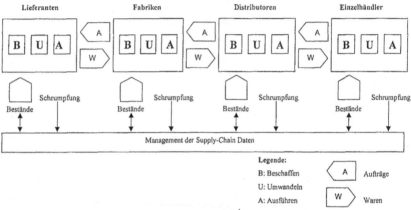

Abbildung 1: Das vierstufige Versorgungskettenmodell [4]

Dieses Kapitels gibt zunächst eine Einführung in die Grundlagen des SCM. Hier werden Begriffe definiert sowie die wichtigsten Charakteristika der Zulieferer-Abnehmer-Beziehung dargestellt.

Das zweite Kapitel beschäftigt sich mit den Anforderungen an SCM-Software. Hier werden zunächst die kritischen Erfolgsfaktoren und eine Entscheidungsunterstützung bei der Einführung von SCM-Software dargestellt. Anschließend werden die benötigten Attribute sowie der Funktionsumfang im allgemeinen und speziell in der Zulieferer-Abnehmer-Beziehung beschrieben.

Im dritten Kapitel wird ein kurzer Überblick über die Entwicklung sowie über die zur Zeit auf dem Markt erhältlichen SCM-Softwareprodukte gegeben. Dabei werden die Produkte der Marktführer und deren Funktionsumfang präsentiert. Anschließend werden insgesamt sechs SCM-Softwarelösungen einer tiefergehenden kritischen Betrachtung unterzogen. Für die

---

[4] Vgl. *Poirier et al.* (1997), S. 20.

erfolgreiche Installation von SCM-Software in der Zulieferer – Abnehmer Beziehung werden einige Beispiele aus der Praxis beschrieben. Die SAP APO Initiative, als eine der neusten Entwicklungen im Bereich der SCM-Software, wird detailliert vorgestellt. Dabei werden die einzelnen Module sowie deren Verfahren und Methoden näher beschrieben.

1.2 Grundbegriffe des Supply-Chain-Managements

Das *Supply-Chain-Management* beschäftigt sich mit dem Management der Logistik innerhalb eines Unternehmens sowie zwischen den verschiedenen Unternehmen. Unter *Logistik* versteht man die Organisation, die Planung und die Realisierung des gesamten Güter-, Daten- und Steuerungsflusses entlang des Lebenszyklus von Produkten in und zwischen Unternehmen.[5] *Logistik* umfaßt die Funktionen Abpacken, Sortieren, Aufteilen, Be-, Ent- und Umladen, Bewegen, Transportieren und Lagern von Produkten.[6]

Betrachtungsgegenstand ist die *Supply-Chain*, die im engen Zusammenhang zur *Wertschöpfungskette, Lieferkette* oder *Logistikkette* steht.[7] Die Supply-Chain grenzt sich von der *Logistikkette* dadurch ab, daß nicht nur die Logistikaktivitäten im engeren Sinne betrachtet werden. Die Supply-Chain berücksichtigt zusätzlich Produktionsaktivitäten und die begleitenden Auftragsabwicklungs- und Geldflußprozesse (Informationsfluß).[8]

„Das *Supply-Chain-Management* ist die Kombination einer strategischen und langfristigen Zusammenarbeit von KO-Herstellern im gesamten Logistiknetzwerk zur Entwicklung und Herstellung von Produkten, sowohl in Produktion und Beschaffung als auch in Produkt- und Prozeßinnovation. Jeder KO-Hersteller ist dabei auf seinen Kernkompetenzen tätig. Die Auswahl der KO-Hersteller erfolgt über ihr Potential zur Realisierung von kurzen Durchlaufzeiten."[9] Synonym für das SCM ist das „Prozeßmanagement der Logistikkette."[10] Supply-Chain-Management ist folglich die aktive Gestaltung und laufende Mobilisierung der Supply-Chain mit dem Ziel der Sicherung und Steigerung des Erfolges der beteiligten Unternehmen.[11]

Das Supply-Chain-Management verbindet die Material- und Kapazitätsplanung von Herstellern, Lieferanten und Händlern. Durch eine Produktion, die sich an der Nachfrage orientiert, kommt es zu einer Reduktion der Transport- und Lagerkosten für die beteiligten Unterneh-

---

[5] Vgl. *Schönsleben* (1998), S. 7.
[6] Vgl. *Poirier et al.* (1997), S. 202.
[7] Vgl. *Kiesel* (1997), S. 428.
[8] Vgl. *Klaus et al.* (1998), S. 434 ff.
[9] *Schönsleben* (1998), S. 7, S. 54.
[10] Vgl. *Kiesel* (1997), S. 429.
[11] Vgl. *Klaus et al.* (1998), S. 435.

men. Das Ziel des SCM ist die optimale Steuerung des Geld-, Informations- und Materialfluß vom Lieferanten zum Kunden.[12]

SCM bedeutet vor allem:

- Verbesserung der Kunden-Lieferanten Beziehung,
- Synchronisation von Bedarf mit Versorgung,
- Abbau der Lagerbestände entlang der Supply-Chain,
- Flexibilisierung und bedarfsgerechte Produktion,
- Erhöhung des Anteils der kundenauftragsbezogenen Produktion.[13]

Ziel des SCM ist die Realisierung des *Pull-Prinzips*, auch Hol-Prinzip genannt. Die Kunden lösen in diesem Fall die Logistikaktivität aus, im Gegensatz zum bisher geltenden *Push-Prinzip*. Beim *Push-Prinzip* (Bring-Prinzip) werden die Logistikaktivitäten auf Basis eines kundenanonymen Produktionsplanes ausgelöst.[14] Das Pull-Prinzip ist in der folgenden Abbildung 2 dargestellt.

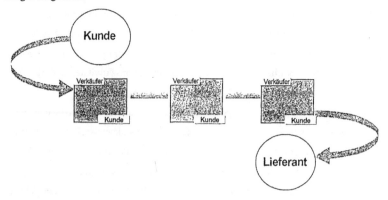

Abbildung 2: Das Pull-Prinzip[15]

Für die Realisierung eines SCM ist es wichtig, ein einheitliches Verständnis der betriebswirtschaftlichen Prozesse und deren Bewertung zu haben. Hierbei können Methoden und Werkzeuge der Geschäftsprozeßmodellierung (z. B. ARIS) zum Einsatz kommen und erhebliche Hilfestellung zum Verständnis der Prozesse leisten. Das Supply-Chain Council (SCC) ist eine Initiative, die 1996 in den USA gegründete wurde und fast 300 Mitgliedsunternehmen hat. Zielsetzung des SCC ist die Entwicklung und Definition von Standard-Prozeß-Referenz-

---

[12] Vgl. http://ids-scheer.de/scm (Stand 15.06.1999).
[13] Vgl. http://ids-scheer.de/scm (Stand 15.06.1999).
[14] Vgl. Wörterbuch des SCM auf Web-Seite: http://www.ids-scheer.de/scm (Stand 15.06.1999).
[15] Vgl. Vorträge zur Logistiktagung 1998 auf Web-Seite: http://www.ids-scheer.de/scm (Stand 15.06.1999).

Modellen SCOR (Supply-Chain Operation Reference) zum Informationsaustausch zwischen Unternehmen der Supply-Chain. Mittels des SCOR-Modells sollen einheitliche, vergleichbare und bewertbare Prozeßmodelle von Supply-Chains erstellt werden können.[16] Unter einem Prozeß versteht man die Organisation einer Produktion zur Wertschöpfung mit dem Ziel, durch den Einsatz von Inputfaktoren gewünschte Outputgüter zu erzeugen.[17] Grundsätzlich unterscheidet das SCOR-Modell die in der folgenden Abbildung dargestellten Aktivitäten und Kernprozesse, auf die hier nicht näher eingegangen wird.

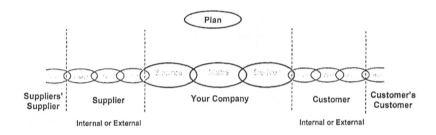

Abbildung 3: Integrierte Supply-Chain nach SCOR[18]

Das SCM unterscheidet sich von den bisherigen Planungsansätzen vor allem durch die Betrachtung der gesamten logistischen Kette. Klassische Planungsansätze optimieren nur lokal die einzelnen Partner einer logistischen Kette. Bei jeder kleinen Änderung des Bedarfs, z. B. einer Störung beim Endkunden, kommt es aufgrund der gestiegenen Komplexität zu immer größeren Schwankungen, je weiter man die Supply-Chain in Richtung Zulieferer heruntergeht. Dieser, in nahezu jeder logistischen Kette auftretende Effekt, wird als *Peitscheneffekt* (Bull-Whip-Effekt) beschrieben. Er wird in der folgenden Abbildung verdeutlicht, d. h. kleine Änderungen des Bedarfs beim Endkunden führen zu Schwankungen der aufwärts gelagerten Partner. Je weiter der Partner vom Endkunden entfernt ist, desto größer sind die Schwankungen.

---

[16] Vgl. http://www.supply-chain.org (Stand 05.06.1999).
[17] Vgl. *Schmidt* (1997), S. 1.
[18] Vgl. http://www.supply-chain.org (Stand 05.06.1999).

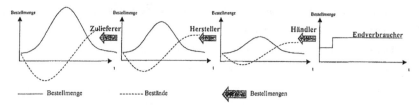

Abbildung 4: Peitscheneffekt entlang der logistischen Kette[19]

Ursachen für diesen Peitscheneffekt sind oftmals die Folge eines nachvollziehbaren rationalen Verhaltens, wenn die Teilnehmer einer Lieferantenkette nur Kontakt zu ihren unmittelbaren Lieferanten und Kunden haben. Das Bestellverhalten des direkten Kunden bestimmt die Nachfrageprognosen. Durch Sicherheitsbestände und lange Vorlaufzeiten fallen die eigenen Bestellungen höher aus als die Bestellungen des Kunden. Die Bündelung von Aufträgen innerhalb eines festen Intervalls führt zu hohen Bestellschwankungen beim Zulieferer. Durch voraussichtliche Lieferengpässe bestellen Kunden mehr, als sie wirklich brauchen. Durch zu große Bestände, die sich dann beim Abnehmer aufbauen, kommt es später zu Nachfrageeinbrüchen beim Kunden.

Diesem Peitscheneffekt kann man dadurch begegnen, indem man die Organisation und die damit zusammenhängenden Prozesse entlang der Supply-Chain optimiert, was durch das Supply-Chain-Management umgesetzt werden soll.[20]

1.3 Charakteristika der Zulieferer – Abnehmer Beziehung

Die Supply-Chain beginnt mit Quellen, die Grundbestandteile zum Start einer Supply-Chain zur Verfügung stellen. Darunter fallen Rohstoffe, Halbfertigprodukte sowie Hilfsstoffe für Produktion oder Dienstleistung. Diese Quellen werden *Lieferanten* oder *Zulieferer* genannt. Im Verlauf dieser Arbeit wird die Bezeichnung *Zulieferer* verwendet.

Die erste Verbindung innerhalb einer Supply-Chain besteht zwischen dem *Zulieferer* und dem *Produzenten*. Dieser, im Rahmen dieser Arbeit als *Abnehmer* bezeichnet, stellt ein Produkt her oder bietet eine Dienstleistung an (vgl. Abbildung 1). Hierbei müssen Produkte oder Dienstleistungen klar im Netzwerk identifizierbar sein.[21]

---

[19] Vgl. *Scheer* (1999), o. S.
[20] Vgl. *Luczak et al.* (1999), S. 3.
[21] Vgl. *Poirier et al.* (1997), S. 20.

Die Verbindung zwischen Zulieferer und Abnehmer stellt bereits ein weitreichendes Einsparungspotential dar. Nach einer Studie von A. T. Kearney können die Bestände an Rohstoffen, die zwischen Zulieferer und Abnehmer ruhen, um zwischen 40 und 60 Prozent reduziert werden. „Dabei gilt der Grundsatz, daß überhöhte Bestände durch Informationen zu ersetzen sind."[22] Mit der Umsetzung des Konzeptes der „Lieferantenpartnerschaft" auf diesem Gebiet wurde der Papierfluß in Form von Kundenaufträgen und Empfangsbestätigungen eliminiert. Außerdem wurden kostenwirksame Veränderungen der Spezifikation und in der Preisgebung sowie eine Beschleunigung des Informationstransfers und der Rechnungsstellung erreicht. Hierbei wurden Wertsteigerungen in diesen ersten Kettengliedern festgestellt, die Millionen von Dollar ausmachten.[23]

Voraussetzung für eine erfolgreiche Umsetzung einer Supply-Chain-Strategie zwischen Zulieferer und Abnehmer ist ein weitgehendes Vertrauensverhältnis. Dabei muß eine gegenseitige Verbesserung der aktuellen wirtschaftlichen Situation der beteiligten Unternehmen angestrebt werden. Es sollte eine „win-win" Situation entstehen. Das dahinter stehende Konzept wird als Partnerschaft bezeichnet. Ziel einer solchen Partnerschaft ist es, eine langfristige Beziehung zwischen Zulieferer und Abnehmer zu etablieren ohne dabei althergebrachte Dominanzpositionen zu stärken.

Wichtig bei einer Partnerschaft zwischen Zulieferer und Abnehmer ist die Entwicklung von einer traditionellen Zulieferer-Abnehmer-Beziehung zu einer Supply-Chain-Partnerschaft. Dabei werden Entscheidungsparameter wie Preiskalkül bei der Auswahl der Lieferanten durch Qualitätskriterien ersetzt. Auch kurzfristige Verträge werden langfristigen Lieferbeziehungen weichen müssen. Die Anzahl der Zulieferer wird sich drastisch verringern. Die Teilhabe und der Austausch von Informationen zwischen Zulieferer und Abnehmer wird sehr offen sein. Außerdem werden Probleme nicht einseitig, sondern gemeinsam, gelöst.[24]

Der Informationsstruktur zwischen *Zulieferer* und *Abnehmer* kommt hier eine entscheidende Bedeutung zu. Probleme entstehen vor allem durch fehlende Transparenz von Bestandszahlen und Terminen. Daher kommt es zu hohen Beständen, einem hohen Versorgungsrisiko und einem Mangel an Reaktionsfähigkeit bei kurzfristigen Änderungen. Desweiteren werden Ver-

---

[22] *Luczak et al.* (1999), S. 5.
[23] Vgl. *Poirier et al.* (1997), S. 20 ff.
[24] O. V. (1999), S. 292.

sorgungsengpässe zu spät erkannt.[25] „SCM in Gänze bedeutet den Austausch kritischer Daten und die gibt kein Unternehmen freiwillig ohne einen echten Vorteil aus der Hand."[26]

Eine Partnerschaft sollte also wie folgt gestaltet sein: „Eine Partnerschaft schafft und erhält Wettbewerbsvorteile der beteiligten Parteien gegenüber ähnlichen Organisationen durch das Zusammenführen von Ressourcen in einer auf kontinuierliche und gegenseitige Verbesserungen konzentrierte Atmosphäre des Vertrauens."[27]

Um die genannten Einsparungspotentiale auch in die Realität umsetzen zu können, bedarf es einer Vernetzung der Systeme von Zulieferer und Abnehmer. Zur Zeit gibt es hier, insbesondere im Hinblick auf Just in Time (JIT) Strategien, funktionierende EDI-Anwendungen. JIT ist ein auftragsgesteuertes Konzept zur zeitnahen Lieferung von Waren für die sofortige Weiterverarbeitung.[28] Unter EDI (Electronic Data Interchange) versteht man die Festlegung auf ein spezielles Datenformat für bestimmte Transaktionen, insbesondere bei Aufträgen, Lieferscheinen, Rechnungen und ähnlichen Dokumenten.[29] Grundgedanke bei EDI ist die nahezu automatisierte und standardisierte Abwicklung von Verwaltungsarbeiten entlang der Supply-Chain. Zweck ist die schnellere, kostengünstigere und fast fehlerfreie Abwicklung geschäftlicher Transaktionen. Außerdem werden Vorteile in der höheren Kontrolle von Arbeitsabläufen, geringeren Lagerbeständen, weniger Bedarf an menschlicher Arbeitsleistung und besserer Zugang zu Informationen gesehen. Besondere Verbreitung von EDI ist in der Automobilindustrie zwischen Zulieferern und Abnehmern zu verzeichnen.[30] Den größten Nutzen kann man mit diesem Werkzeug erzielen, indem EDI in Verbindung mit anderen Technologien und Methoden wie e-mail, Business Process Reengineering, Arbeitsablaufsoftware und Geschäftsnetzanwendungen eingesetzt wird.[31]

---

[25] O. V. (1999), S. 292.
[26] O. V. (1999), S. 3.
[27] *Poirier et al.* (1997), S. 92.
[28] Vgl. CD-ROM: „Easy Learning for SCM" (1999).
[29] Vgl. *Dinkelaker* (1997), S. 20.
[30] Vgl. *Urban* (1999), o. S.
[31] Vgl. *Poirier et al.* (1997), S. 159.

2 Anforderungen an Software für das Supply-Chain Management

2.1 Kritische Erfolgsfaktoren und Entscheidungsunterstützung

Bei der Einführung von SCM-Software ist es entscheidend, daß nicht jede bewährte Softwarelösungen für verschiedene Unternehmensstrategien blind übernommen werden kann. Vielmehr ist es von großer Bedeutung, Softwarelösungen an die bestimmten Unternehmensgegebenheiten und –strategien anzupassen. Somit kann der größte Nutzen aus dem Einsatz von SCM-Software gezogen werden und die kompetitiven Vorteile ausgebaut werden. Dabei sind neun Schlüsselfaktoren zu nennen, die die Wettbewerbsposition eines Unternehmens durch den Einsatz von SCM-Software verbessern können:

- Neue Kunden/Händler-Beziehungen,
- Neue Einblicke in Märkte und Kunden,
- Volle Ausschöpfung von Absatzkanälen und Markteffizienz,
- Veränderte Produkte und Dienstleistungen,
- Restrukturierte firmen- und branchenübergreifende Supply-Chains,
- Unterstützung von Echtzeit-Entscheidungen und Simulationen,
- Möglichkeit, der Steuerung globaler und komplexer Planungen und Anpassungen,
- Beschleunigung oder Abschaffung traditioneller Prozesse,
- Dauerhaftes Lernen und kontinuierliche Innovation.[32]

Der Wert für ein Unternehmen, der aus der Implemetierung komplexer SCM-Softwarelösungen resultiert, ist von einigen kritischen Faktoren abhängig. Zunächst muß ein Unternehmen seine Strategie sowie Anforderungen entwickeln und festlegen, die auch die Besonderheiten der Branche berücksichtigen. Kritisch hierbei ist das Verständnis, inwiefern Softwarelösungen die Umsetzung zukünftiger Unternehmensstrategien ermöglicht und die Dynamik von Supply-Chains formen. Technologie, die den heutigen Anforderungen entspricht, wird schnell von der technischen Entwicklung oder von Branchentrends überholt werden. Daher sollte in zukunftsweisende Lösungen investiert werden.

Ein anderer wichtiger Faktor ist die Identifizierung von möglichen Nutzen- und Gewinnzuwachspotentialen für das Unternehmen durch die Einführung von SCM-Software. Die Teile der Supply-Chain mit der höchsten Wertschöpfung sollten der Ausgangspunkt für eine Implemetierung von SCM-Software sein.

---

[32] Vgl. *Gattorna* (1998), S. 522 ff.

Als nächsten kritischen Faktor wird die Entscheidung über die benötigten Softwaretools gesehen. Es genügt nicht, die Entscheidung auf unternehmensinterne Gesichtspunkte abzustimmen, sondern die Kommunikation mit Zulieferern und Kunden muß bei der Entscheidung für bestimmte SCM-Softwaretools berücksichtigt werden. Wichtig ist die Fähigkeit der Software hinsichtlich Kompatibilität und Integrationsfähigkeit mit bereits vorhandenen Kunden- oder Zulieferer-Systemen.[33]

Von den Softwareherstellern werden bisher keine allumfassenden Softwarelösungen angeboten. Daher ist es oftmals schwierig abzuschätzen, welche SCM-Tools gebraucht werden, inwiefern Kompatibilität mit existierenden Systemen vorliegt oder ob ein „herkömmliches" *Enterprise Resource Planning System (ERP)* die benötigten Anforderungen abdeckt. Unter einem ERP-System versteht man ein System zur systematischen Disposition und Planung aller Unternehmensressourcen.[34]

Um eine Entscheidung zwischen ERP-System oder SCM-Softwaretool zu erleichtern, ist es als erster Schritt zur Auswahl der benötigten Softwaresysteme sinnvoll, sich die Unterschiede bei der Implementierung solcher Systeme zu verdeutlichen:[35]

- **Wert (Value):** Ein ERP-System dient als Grundlage für die wertmäßige Erfassung betrieblicher Transaktionen, liefert allerdings nicht die benötigten Informationen wer, was, wann und wo produziert. Daher eignet sich in diesem Fall SCM-Software, da diese als Entscheidungsunterstützung dient.

- **Zeitrahmen (Time Frame):** Die Installation eines herkömmliches ERP-Systems braucht etwa 12 bis 36 Monate. Hingegen kann eine SCM-Softwareinstallation in 6 bis 9 Monaten durchgeführt werden.

- **Amortisationsdauer (Payback Period):** Bei einem ERP-System beträgt die Amortisationsdauer ca. 2 bis 5 Jahre. Eine SCM-Softwareinstallation amortisiert sich nach etwa 6 bis 12 Monaten.

- **Unterbrechung des Betriebsablaufes (Disruption):** Typischerweise sind mit der Einführung von ERP-Systemen eine Vielzahl von Unterbrechungen des Betriebsablaufes zu verzeichnen, die durch Schulungen, Ausstattung und Unterstützung der Endbenutzer hervor-

---

[33] Vgl. Taschenwörterbuch des SCM auf Web-Seite: http:// www.ids-scheer.de (Stand 15.06.1999).
[34] Vgl. Taschenwörterbuch des SCM auf Web-Seite: http:// www.ids-scheer.de (Stand 15.06.1999).
[35] Vgl. *Gattorna* (1998), S. 516.

gerufen werden. Im Vergleich dazu, werden bei einer SCM-Softwareinstallation nur bestimmte spezialisierte Mitarbeiter geschult, was die Unterbrechungszeit gering ausfallen läßt.

Zusammenfassend kann man sagen, daß ein Erfolgsfaktor darin besteht, inwiefern die ausgewählte Software das SCM durch einen steigenden Kundennutzen (Customer Value) unterstützt. Als zweiten Erfolgsfaktor ist die benötigte Amortisationsdauer (Time to produce net value) zu nennen. Zur Evaluierung, welche Software heute und in der nächsten Zeit von einem Unternehmen benötigt werden, kann man das *Evaluation Model* der Gartner Group (Abbildung 4) verwenden. Man sieht deutlich, das sich SCM-Software durch eine kurze Amortisationszeit und einen hohen Nutzwert für den Kunden auszeichnet.

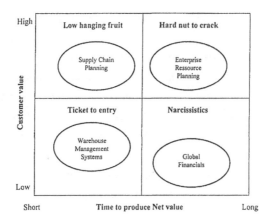

Abbildung 5: Evaluation Model[36]

Bei der Auswahl eines Softwareherstellers sind drei Hauptaspekte zu beachten. Erstens sollte man den Hersteller nach seiner *Spezialisierung* einordnen (Schwerpunkt z. B. Produktion, Markt, Lieferanten-Abnehmer Beziehung). Als zweite Fragestellung ergibt sich die Frage nach dem *System der Geschäftspartner*, also Kunden und Zulieferer, und der damit verbunden Kompatibilitäts- und Integrationsfähigkeit der ausgewählten Lösung. Drittens sollte man den Hersteller daraufhin überprüfen, inwiefern er alle vom Unternehmen *geforderten Leistungsmerkmale* der Software erfüllt.

---

[36] Vgl. *Gattorna* (1998), S. 517.

2.2   Erforderliche Attribute und Funktionsumfang

Unternehmen brauchen entscheidungsunterstützende Informationssysteme, die den Entscheidungsträgern einen ganzheitlichen Überblick über alle Teile der Supply-Chain ermöglicht. So lassen sich die richtigen Entscheidungen treffen, die die Lieferbereitschaft verbessern und außerdem den Ressourceneinsatz verringern. SCM-Software sollte daher die folgenden Attribute besitzen.

1. **Realistische Abbildung der Supply-Chain:**

Die heutigen Technologien bieten den Unternehmen die Möglichkeit, komplexe und individuelle Logistikketten in unterschiedlichen Detaillierungsgraden wirklichkeitsgetreu abzubilden. So kann ein großer Teil der in der realen Welt existierenden Restriktionen simuliert werden, was die Genauigkeit und Nutzbarkeit des Supply-Chain-Modells zur Entscheidungsfindung verbessert.[37]

2. Planen mit Restriktionen (Constraint Based Planning):

Bei diesem Konzept werden Restriktionen (Constraints) bei der Planung berücksichtigt. Dabei handelt es sich um terminierte Verfügbarkeit der Ressourcen, z. B. Arbeitszeitregelungen, Maschinenverfügbarkeiten, Bewegungsplanungen für die Transportmittel oder Wartungszyklen von Maschinen. Hier liegt die Annahme zugrunde, daß man nur einen tatsächlichen (statistischen) Engpaß in einer typischen Produktion zu betrachten hat. „Die zugrundeliegende Theory of Constraints (TOC) ist ein sehr gutes Werkzeug, um die dynamischen Abhängigkeiten in Produktionsprozessen theoretisch zu erläutern, aber in der Praxis ist dieser Ansatz zu simplifizierend."[38]

3. Simultane Planung (Simultanous Planning):

Im Gegensatz zur sequentiellen Planung werden alle zur Deckung des Bedarfs benötigten Ressourcen gleichzeitig betrachtet. Das Planungsergebnis sind realisierbare Pläne.

4. Kontinuierliche Planung (Incremental Planning):

Kontinuierliche Planungen mit verschiedenen Detaillierungsgraden und Zeithorizonten. Diese können in einen einzigen „Planungstrichter" integriert werden. Somit können genauere Pläne entwickelt werden.

---

[37] Vgl. *Beutel* (1998), S. 460.
[38] *Seidel et al.* (1999), S. 55.

5. Bidirektionale Planung von Änderungen:

Bei einer Änderung des Planes werden die Auswirkungen dieser Änderung sofort in beide Richtungen der Supply-Chain übermittelt. Das bedeutet, daß Zulieferer wie auch Kunden die benötigten Informationen erhalten. Das Ziel hierbei ist die Erstellung eines neu überarbeiteten und realisierbaren Plans.[39]

Von großer Bedeutung für das SCM ist die Integration der Planungsschritte in einen geschlossenen Regelkreis. In diesem Regelkreis müssen zunächst strategische Ziele und Kennzahlen definiert werden. Anschließend werden Planungen und Kennzahlen dokumentiert sowie ein ständiger Soll-Ist-Vergleich durchgeführt. Danach kommt es zur Analyse der Abweichungen. Als letzten Schritt wird die Planung korrigiert und Maßnahmen zur Erreichung der gesetzten Ziele umgesetzt.[40]

Bei der Entwicklung von Software für das SCM müssen zunächst die erforderlichen betriebswirtschaftlichen Funktionen identifiziert werden. Eine Funktion kennzeichnet jeweils einen Vorgang und beschreibt das „Was". Sie erzeugt oder verändert Objekte. Eine Funktion kann in Unterfunktionen zerlegt werden.[41] Erkannte Funktionen müssen dann softwaretechnisch umgesetzt werden.

Die in der folgenden Abbildung aufgeführten Teilfunktionen sind die wichtigsten betriebswirtschaftlichen Funktionen, die in den unterschiedlichen Softwarelösungen für das SCM enthalten sein sollten.

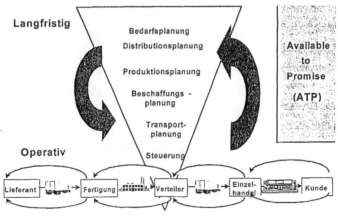

Abbildung 6: Funktionen der SCM-Planung[42]

---

[39] Vgl. *Kansky et al.* (1999), S. 91 – 94.
[40] Angaben der Firma Manugistics (1999).
[41] Vgl. *Scheer* (1995), S. 19.
[42] Vgl. http://www.ids-scheer.de/scm (Stand 15.06.1999).

13

Die *Bedarfs- oder Absatzplanung* erfolgt in der Supply-Chain kooperativ zwischen den beteiligten Unternehmen. Sie beinhaltet Methoden und Verfahren zur Prognoseberechnung von Bedarfsmengen. Die Funktionalitäten der Absatzplanung bieten beispielsweise die automatische Auswahl geeigneter Prognoseverfahren sowie die Verwendung von optimalen Parametern. Desweiteren werden die den Prognoseverfahren zugrundeliegenden Randbedingungen überprüft und ggf. ein für die Prognose geeigneteres Verfahren ausgewählt.[43] Außerdem stehen die Daten online-gekoppelt für die beteiligten Unternehmen zur Verfügung. Die Bedarfsplanung dient den Unternehmen dazu, die Auslöser für Produktnachfrage quantitativ zu erfassen, um so Marketing und Vertrieb effizient durchzuführen.

Bei der *Distributionsplanung* müssen Restriktionen wie Lager- und Transportkapazitäten berücksichtigt werden. Sie unterstützt ein bedarfsorientiertes Bestandsmanagement. Die Verteilung der Waren wird im Rahmen der Distributionsplanung optimiert.

Die *Produktionsplanung (Grob- und Feinplanung der Produktion)* umfaßt die simultane Material- und Kapazitätsplanung sowie die durchsatzorientierte Planung für eine oder mehrere Produktionsstätten.

Die *Beschaffungsplanung*, als Pendant zur Bedarfsplanung, wird kooperativ und mit Hilfe von Online-Datenkopplung durchgeführt. Dabei werden die geeigneten Zulieferer ausgewählt. Im Rahmen der Beschaffungsplanung werden auch Make or Buy-Entscheidungen getroffen.

Die *Transportplanung* greift vorwiegend Methoden zur Ermittlung mittel- und kurzfristiger Transportbedarfe auf. Es werden Transportaufträge generiert unter der Berücksichtigung von Transportkapazitäten sowie die Routenplanung durchgeführt, inklusive Frachtgebühren, Sendungsverfolgung und Berichtswesen. Darüber hinaus werden Funktionen zur Planung dynamisch zusammengestellter Transportrouten angeboten. Im Sinne einer Gesamtoptimierung sind die Produktions- und Transportplanung aufeinander abzustimmen.[44]

Im Rahmen der Verfügbarkeitsprüfung *Available to Promise (ATP)* wird der Wunschtermin des Kunden für die Lieferung einer Bestellung auf Realisierbarkeit sofort geprüft. Eine Anfrage über Internet oder Telefon wird sofort auf ihre Machbarkeit hin überprüft indem die möglichen Auswirkungen, die sich aus dem Kundenauftrag ergeben, simuliert werden. Dabei werden verfügbare Bestände, Fertigungsaufträge, Ressourcenverfügbarkeit, Ausweichmöglichkeiten wie alternative Produktionsstandorte, alternative Materialien oder alternative Zulieferer berücksichtigt.[45] Im Zuge dieser Simulation der Verfügbarkeit läßt sich unter anderem

---

[43] Vgl. *Luczak et al.* (1999), S. 20.
[44] Vgl. *Luczak et al.* (1999), S. 22.
[45] Vgl. Taschenwörterbuch des SCM, Web-Seite: www.ids-scheer.de.

der früheste Liefertermin für einen entsprechenden Kundenauftrag ermitteln. Eine Unterfunktion von ATP stellt das *Capable to Promise (CTP)* dar. Hierbei werden die für diesen Auftrag benötigten Fertigungsaufträge unter Berücksichtigung der bereits verplanten Kapazität und der Materialien (zusätzlich) eingeplant.[46]

Die *Steuerung* der Supply-Chain auf der operativen Ebene umfaßt als Hauptfunktionen die Lagersteuerung, die Transportsteuerung, die Produktionssteuerung, sowie das Internet-Tracking zwischen Kunden und Zulieferer. Unter Tracking versteht man die Auftragsverfolgung in Echtzeit, d. h. es können zu jedem Zeitpunkt verläßliche Auskünfte über den Standort einer Ware gegeben werden.[47]

Zusätzlich zu den genannten Funktionen sollte SCM-Software die *Strategische Supply-Chain-Planung (Network Design and Optimization)* unterstützen. Dabei wird die komplette Supply-Chain und deren Geschäftssituationen modelliert, um eine Strategie für das Unternehmen zu entwickeln. Somit können Unternehmen schnell und einfach durch die Verflechtung ihrer Supply-Chain steuern und Entscheidungen nahtlos in taktische und operative Planungsprozesse einfließen lassen.

Als letzte wichtige Funktion ist die *engpaßorientierte Gesamtplanung (Constraint Based Master Planning)* zu nennen. Hier werden optimierte Pläne in Echtzeit generiert, die verschiedene Restriktionen (Material, Kapazität, individuelle Restriktionen) in unternehmensübergreifenden Distributions-, Fertigungs- und Zulieferernetzwerken berücksichtigen.[48]

Abschließend kann festgestellt werden, daß die genannten Funktionen bei der Entwicklung von Software für das SCM in Softwaremodule integriert werden müssen. Jedes Modul erhält einen bestimmten Input, arbeitet mit unterschiedlichen Verfahren, erzeugt einen Output und stellt für das Unternehmen einen bestimmten betriebswirtschaftlichen Nutzen dar. In der folgenden Tabelle sind die wichtigsten Module, deren In- und Output sowie der Nutzen dargestellt.[49] Diese Einteilung in Module weicht etwas von den bereits genannten Funktionen für das SCM ab, enthält aber grundsätzlich die gleichen Inhalte.

---

[46] Vgl. *Seidel et al.* (1999), S. 55.
[47] Vgl. *Kiesel* (1997), S. 437.
[48] Vgl. *Kansky et al.* (1999), S. 93.
[49] Vgl. *Dantzer* (1999), S. 63.

Tabelle 1: Nutzen der Module im Supply-Chain Management[50]

Modul	Input	Verfahren	Output	Nutzen
Netzwerk-Planung	Expansions-/Konzentrationsstrategie, Markt- und Geschäftsentwicklung	Exponentielle Glättung, Regression, Trendrechnung	Neue Lokationen, neue Relationen	Risikominimierte Geschäftsentwicklung, Globalisierungsansatz
Bevorratung	Konfiguration, Anzahl, Lokation, Kapazität u. Betrieb der Distributionszentren	Engpaßplanung, Genetische Algorithmen	Materialfluß, operative Kosten, Zuverlässigkeit, Wiederauffüllstrategien	Verbesserte Kapazitätsausnutzung
Bestandsplanung	Produkt-Mix und Lokation, Bestandsniveaus, Wiederauffüllregel	OR-Verfahren, What-if-Simulationen, Heuristiken	Bestandsreport (Plan vs. Ist), ABC-Analyse, Nullbestände	Verbesserung Lieferservice, Bestandskosten, Verfügbarkeiten
Transport und Distribution	Routenanalyse, Wahl des Transportmittels, Tarifierung, sonstige Anforderungen	Travelling-Salesman-Methode, diverse Heuristiken	Transporteur-Performance, Frachtraten, Frachtkostenanalyse (Benchmarking)	Verbesserung Frachtkosten, Frachtservice (24h), Liefergrad
Forecasting	Marktforschung, Marketing, Historische Verkaufsdaten, POS-Infos, Kostenrechnungsaktivitäten	Exponentielle Glättung, Multiple lineare Regression, Holt Winters	Forecast (z. B. jeweils für die 5. Woche)	Minimierung des Forecastfehlers (geringerer Bestand, hohe Lieferfähigkeit)
Produktionsplanung	Nachfrage, Lieferantenangebot, Aufträge, andere Anforderungen	Vorwärts- und Rückwärtsfortschreibung, LP/MIP, Genetische Algorithmen	Zulässiger Produktiosplan, Multi-Werksplanung	Optimierung von Angebot und Nachfrage, Konfliktlösung
Produktionssteuerung	Kurzfristige Informationen bzgl. Angebot und Nachfrage, Aufträge und Kapazitätssituation	Engpaßorientierte Ressourcenfestlegung (Verfügbarkeiten von Material und Kapazitäten)	Auftragseinlastung und Reihenfolgefestlegung, schnelle Reaktion auf Ereignisse	Ablaufoptimierung, ATP, Kapazitätsauslastung, flexible Kundenreaktion

In der Zulieferer – Abnehmer Beziehung sind die Funktionen von besonderer Bedeutung, die eine Schnittstelle zwischen dem Zulieferunternehmen und dem Abnehmer darstellen. In der SCOR Definition wird dabei von „Intercompany SCOR" gesprochen, wie sie hier in Abbildung 7 dargestellt ist.

---

[50] Vgl. *Dantzer* (1999), S. 64.

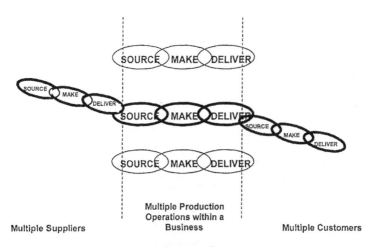

Abbildung 7: Intercompany SCOR "Chain of Chains"[51]

Dabei sollten die folgenden Funktionen von der Software erfüllt werden:

- Absatzplanung und –prognose sowie Bedarfsplanung und –prognose,
- Distributionsplanung und –prognose,
- Beschaffungsplanung und –steuerung,
- Transportplanung und –steuerung,
- Verfügbarkeitsprüfung,
- Strategische Entscheidungsunterstützung.

Die verschiedenen Funktionen werden über einen bestimmten Zeithorizont betrachtet. Dabei wird dieser in Terminierung, operative, taktische und strategische Planung eingeteilt. Der Planungshorizont eines Unternehmens reicht von über einem Jahr (strategische Planung) bis zu wenigen Stunden (Terminierung). In Abbildung 8 werden die verschiedenen Module der Firma i2 Technologies den verschiedenen Planungshorizonten zugeordnet. Eine nahezu gleiche Einteilung wird auch von anderen Softwareherstellern verwendet. Man sieht in der Abbildung, daß ein kürzerer Planungshorizont, zu einer höheren Feinkörnigkeit der generierten Pläne und einer größeren Anzahl der berücksichtigten Restriktionen (Constraints) führt, während jedoch der Handlungsspielraum insgesamt abnimmt.[52]

---

[51] Vgl. http://www.supply-chain.org (Stand 10.06.1999).
[52] Angaben des Herstellers i2 Technologies (1999), o. S.

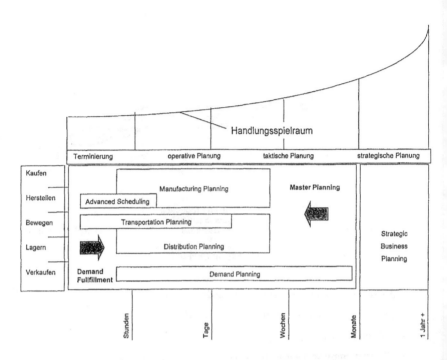

Abbildung 8: Aufbau von Rhythm, modifiziert, i2 Technologies[53]

---

3 Kritische Betrachtung der Standardsoftware hinsichtlich ihres Funktionsumfangs für das Supply-Chain-Management

3.1 Überblick über die bisherige Entwicklung und den Status Quo

Die hochkomplexen und verzweigten Beschaffungs-, Produktions- und Distributionsnetzwerke der heutigen Industrieunternehmen erfordern integrierte und leistungsfähige Softwareunterstützung. Hierbei gilt es, die verschiedenen Aspekte des SCM wie Rohmaterialbeschaffung, Zukaufteilbeschaffung, Entsorgung, Umlauf von Ladungsträgern (z. B. Paletten) sowie der Wiederaufbereitung bestimmter Produktionsstoffe zu planen, steuern und zu gestalten.

Da kurze Durchlaufzeiten im Informationsfluß zur Planung & Steuerung ein Teilziel des SCM darstellen, wurde bereits früh mit der Entwicklung von Software zur Unterstützung dieser Aktivitäten begonnen. Diese Software ist unter der Bezeichnung PPS-Software (Produktionsplanung und –steuerung) bekannt. „Für die Lösung der eigentlichen logistischen Planungsprobleme in Unternehmungen leisten herkömmliche Softwaresysteme der Produktionsplanung uns –steuerung (PPS-Systeme) keine unmittelbare Unterstützung, da sie vor allem die Informationsprozesse der physischen Materialflüsse erfassen."[54]

Als Nachfolger der PPS-Systeme haben sich ERP-Systeme etabliert. Dabei handelt es sich um integrierte betriebliche Informationssysteme, die es mehreren Benutzern über das ganze Unternehmen hinweg erlauben, auf einen einheitlichen Datenbestand zuzugreifen. Die wesentliche Neuerung zu ihren Vorgängersystemen besteht somit in der Schaffung einer einheitlichen Datenbasis für das gesamte Unternehmen (Datenintegration). Bei diesen Systemen ist es möglich, alle informatorischen Maßnahmen, die ein einzelner Geschäftsfall erforderlich macht, in einem Komplex (Transaktion) zu verarbeiten.[55]

Seit Mitte der neunziger Jahre wurden moderne Softwareprodukte entwickelt, die weitgehend die im folgenden genannten Aufgaben unterstützen sollen. Die *Supply-Chain-Software* (auch APS: Advanced-Planning-Software oder Logistik-Software) dient der Informatik-Unterstützung der Planung & Steuerung, d. h. der Stützung des umfassenden und integrierten Datenflusses in der administrativen Logistik sowie des Steuerungsflusses in der planerischen und dispositiven Logistik.[56] Diese Software hat neben der effizienten Gestaltung der Material- und Informationsflüsse auch strategisch-taktische Entscheidungen des SCM zu unterstützen.

---

[54] *Günther et al.* (1998), S. 330.
[55] Vgl. *Klaus et al.* (1998), S. 442.
[56] Vgl. *Schönsleben* (1997), S. 306.

Hierunter fallen Festlegungen der Logistik-Infrastruktur, Outsourcing-Entscheidungen, Auswahl von Logistikdienstleistern etc. Außerdem muß diese Software in der Lage sein, operative Planungsaufgaben zu lösen. Hier sind die termingerechte Bereitstellung von Fremd- und Zwischenprodukten, Anpassungen an saisonale Nachfrageschwankungen oder die Aufteilung der Produktion auf die bereits bestehenden Standorte zu nennen.

Momentan werden eine Vielzahl von einzelnen SCM-Softwaretools angeboten, die sich auf bestimmte Funktionen innerhalb einer Supply-Chain beziehen. Zur Zeit existieren noch keine allumfassende Softwarelösung für Unternehmen, die sowohl „klassische" ERP-Funktionen als auch SCM Funktionen beinhalten. Daher werden ERP-Software, als SCM-Unterstützungssysteme, und Supply-Chain-Planungs- und Echtzeit-Entscheidungsunterstützungstools miteinander verbunden. Somit soll eine vollkommen integrierte SCM-Softwarelösung erstellt werden.[57] „Es ist davon auszugehen, daß die ERP und Supply-Chain-Angebote zusammenwachsen werden."[58]

Die Anbieter von SCM-Software verfolgen unterschiedliche Strategien für die Unterstützung des SCM. Dabei lassen sich zwei Klassen von Anbietern unterscheiden. Zum einen handelt es sich um Hersteller von *Supply-Chain-Planning*-Software *(SCP)* und *Supply-Chain-Execution*-Software *(SCE)*.

Die *SCE-Anbieter* haben sich auf die Datenverwaltung und den Kommunikationssupport in ihren Softwarelösungen konzentriert. Dabei geht es um die Bewältigung großer Datenmengen, die bedarfsgerechte Bereitstellung für die betroffenen Lieferkettenmitglieder und die Realisierung kürzester Bereitstellungs- und Reaktionszeiten für Informationen. Die SCE-Software unterstützt SCM-Prozesse mit einem kurzen Zeithorizont. Sie ermöglicht dem Nutzer die direkte Verkürzung von Lieferzeiten. Namhafte Hersteller von SCE-Software sind unter anderem das Debis Systemhaus-Retail+Distribution und BLLB.

Bei den SCP-Softwaretools handelt es sich um modular aufgebaute Werkzeugtools, die zunächst nur Advanced Planning and Scheduling (APS) Funktionen beinhalteten. Allerdings wurden diese weiterentwickelt und unterstützen inzwischen die Kapazitätsplanung und –steuerung der Materialströme innerhalb der Supply-Chain.

Die Anbieter von SCP-Softwaretools unterscheiden sich durch unterschiedliche Herangehensweisen bei der Softwareentwicklung.

---

[57] Vgl. *Gattorna* (1998), S. 509.
[58] *Alard et al.* (1999), S. 66.

Zum einen wurden SCM-Tools entwickelt, die auf bereits vorhandenen ERP-Systemen aufbauen. Hierbei sind Probleme mit den Schnittstellen zu den ERP-Systemen nicht auszuschließen. Hier haben sich Firmen wie i2, Numetrix oder Manugistics etabliert.

Zum anderen haben Anbieter klassischer ERP Software ihre Software um Supply-Chain Funktionalitäten erweitert. Marktführer sind in diesem Bereich SAP, Baan, PeopleSoft oder Oracle.[59] Insbesondere bietet sich der Einsatz dieser Systemkategorie dort an, wo das entsprechende ERP-System bereits verwendet wird oder eine Neuimplementierung geplant ist.[60]

Der Zusammenhang zwischen den „klassischen" ERP-Systemen und den SCM- Werkzeugen wird in Abbildung 9 dargestellt. Hier wird deutlich, welche betriebswirtschaftlichen Funktionen SCM-Softwaretools übernehmen. Diese SCM-Softwaretools tauschen mit den vorhandenen operativen Systemen Daten aus und übernehmen eine durchgängige Steuerungs- und Optimierungsfunktion. Die Daten aus den operativen Anwendungen werden über Schnittstellen gezogen. Sie kommen aus der Auftragshistorie, aktuellen Auftragsbeständen, Teilestämmen, Stücklisten, Arbeitsplänen und Arbeitszeitmodellen.[61] Die SCM-Software ermöglicht eine Zuordnung der verschiedenen Produktionsaufträge auf die unterschiedlichen Produktionsstandorte der Supply-Chain in Echtzeit, d. h. ohne eine zeitliche Verzögerung. Bei der Darstellung der Planungsergebnisse wird bei allen Anbietern auf eine graphische Oberfläche zurückgegriffen, die dem Benutzer einen schnellen Überblick ermöglichen soll.

---

[59] Vgl. *Scholz-Reiter et al.* (1999), S. 7-15.
[60] Vgl. Dantzer (1999), S 20.
[61] Vgl. *Luczak et al.* (1999), S. 25.

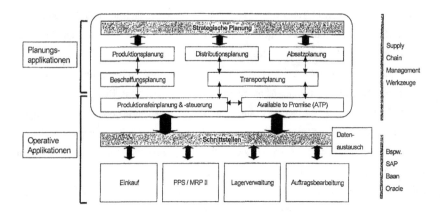

Abbildung 9: Funktionen der Supply-Chain Management Werkzeuge[62]

In Abbildung 10, einer Studie der Gartner Group, wird deutlich, wo die Marktpositionen der einzelnen Hersteller liegen. In der Spitzengruppe, die gleichzeitig Marktführer sind, kann man die Firma i2 Technologies finden. Diese müssen sich auf einen zukünftigen stärkeren Wettbewerb mit einer Reihe von Herausforderern einstellen.[63]

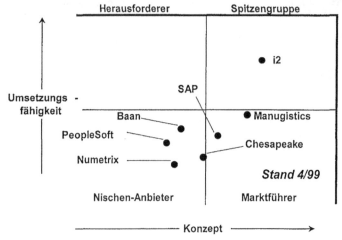

Abbildung 10: Überblick über die aktuellen Systeme[64]

---

[62] Vgl. *Kuhn et al.* (1998), S. 9.
[63] Vgl. http://www.gartner.com (Stand 05.06.1999).
[64] Vgl. http://www.gartner.com/webletter/i2/default.html (Stand 10.06.1999).

Bei den genannten SCM-Softwarelösungen handelt es sich um *Standardsoftware*. Darunter versteht man Software, welche die Bedürfnisse verschiedener Unternehmen abdecken soll. Sie wird von einem Softwareproduktionsunternehmen entwickelt und vertrieben. Im Gegensatz dazu wird *Individualsoftware* eigens für ein Unternehmen erstellt und deckt genau dessen Bedürfnisse ab. Sie wird entweder vom Unternehmen selbst oder auf Auftrag von einem Softwarehaus entwickelt.[65]

Im weiteren Verlauf dieser Arbeit werden nur die SCP-Anbieter untersucht, da diese nicht auf einer kurzfristigen Planung ausgerichtet sind sondern auch eine strategische und taktische Planung beinhalten. Dabei werden aus der Klasse der ERP-Anbieter die APO SCM Initiative von SAP, die Supply-Chain Solutions (SCS) von Baan sowie die PeopleSoft Supply-Chain Solutions bezüglich ihrer SCM Funktionalitäten analysiert. Als Vertreter der SCM-Softwareanbieter, die auf ERP-Systemen aufbauen, werden Numetrix/3 von Numetrix, Manugistics/6 und NetWORKS von Manugistics und Rhythm von i2 Technologies betrachtet.[66] Die SCM Lösungen der Firma Oracle sind nicht in dieser Aufstellung enthalten, da Oracle ausschließlich via Partnerlösungen arbeitet und Tools von i2 und Manugistics vertreibt. In der folgenden Tabelle werden der Funktionsumfang der verschiedenen Produkte der genannten Hersteller gegenübergestellt. Eine ausführlichere Beschreibung und Bewertung der einzelnen Produkte bezüglich ihres Funktionsumfangs in der Zulieferer-Abnehmer-Beziehung erfolgt in den nachfolgenden Unterpunkten dieses Kapitels. Die betrachteten Funktionen sind diejenigen, die in Kapitel 2 bereits als erforderlichen Funktionsumfang für SCM-Software bezeichnet wurden. Außerdem wurden die *unternehmensübergreifende Planung* der Supply-Chain *(Collaborative Planning)*, *Leistungsmessung* sowie *Integration mit anderen Systemen* in diese Gegenüberstellung einbezogen. Die beiden letzteren werden allerdings nicht weiter untersucht.

---

[65] Vgl. *Schönsleben* (1997), S. 306, 319, 325.
[66] Produktnamen sind eingetragene Markenzeichen der jeweiligen Hersteller.

Tabelle 2: Überblick über SCM Funktionalitäten verschiedener Softwarehersteller[67]

Anbieter	Manugistics	SAP	Baan	Numetrix	i2 Technologies	PeopleSoft
Produkt	Manugistics6 NetWORKS, Supply-Chain Broadcast	SAP APO SCM Initiative	Supply-Chain Solutions (SCS)	Numetrix/3	Rhythm	PeopleSoft SCM Solutions
Funktion						
Absatzplanung und –prognose	Demand Management, Suppply Chain Broadcast, Constraint-Based Master Planning, Network Design & Optimization, NetWORKS	Demand Planning, Business Warehouse (SAP BW)	Demand Planner	Demand Planning, Numetrix/xtr@	Demand Planning	Demand Planning
Distributionsplanung und –prognose	Distribution Planning, Vendor Managed Inventory (VMI) / Continous Replenishment Planning (CRP), Constraint Based Master Planning	Logistics Execution System (SAP LES), Supply Network Planning & Deployment (SAP SNP)	Planner	Distribution Planning and Deployment, Vendor Managed Inventory (VMI)	Distribution Planning, Master Planning (auf taktischer Planungsebene)	PeopleSoft Auftragsabwicklung, PeopleSoft Auftragsoptimierung, PeopleSoft Lager, PeopleSoft Produktkonfigurator
Produktionsplanung und –steuerung	Manufacturing Planning & Scheduling, Constraint- Based Master Planning, Supply-Chain Broadcast	Production Planning and Detailed Scheduling	Execution, Scheduler, Planner	Production Planning and Scheduling, Enterprise Supply-Chain Planning	Manufacturing Planning, Advanced Scheduling, Master Planning (auf taktischer Planungsebene)	PeopleSoft Produktionsplanung (operativ), PeopleSoft Enterprise Planning (strategisch)
Beschaffungsplanung und –steuerung	Material Planning, Purchase Planning, SmartBILL Substitution, SmartBILL Configurable Alternatives,Synchronized Allocations, Can-Build Analysis, Const.-Based M. P.	Business-to-Business Procurement (SAP BBP)	Planner	Material Sourcing	Manufacturing Planning, Master Planning (auf taktischer Planungsebene)	PeopleSoft Beschaffung
Transportplanung und –steuerung	Transportation Management, VMI/CRP, NetWORKS/Carrier, Constraint-Based Master Planning	Transportation Management System (TMS), Transportation Load Building	TransPro, RoutePro	Distribution Planning, Vehicle Loading (VL)	Transportation Planning, Transportation Optimizer, Master Planning (auf taktischer Planungsebene)	PeopleSoft Versand- und Ladungsplanung, Frachtmanagement, PeopleSoft Auftragsoptimierung
Verfügbarkeitsprüfung (Available to Promise)	Real Time ATP+, NetWORKS	Global Available-ble to Promise	Planner	Available to promise (ATP), Capable to Promise (CTP), Numetrix/xtr@	Demand Fulfillment	PeopleSoft Produktkonfigurator, PeopleSoft Auftragsoptimierung, PeopleSoft Order Promising

---

[67] Eigene Darstellung aus den Informationen der Hersteller zusammengestellt.

Anbieter/ Funktion	Manugistics	SAP	Baan	Numetrix	I2 Technologies	PeopleSoft
Strategische Entscheidungsunterstützung	Network Design and Optimization	SAP APO, Supply Chain Cockpit	Planner, Supply Chain Designer, Supply Chain Modeller	Enterprise Planning, Supply Chain Network Design	Supply Chain Strategist, Supply Chain Modeller	PeopleSoft Enterprise Planning
Leistungsmessung		APO Supply Chain Cockpit, Business Warehouse (SAP BW)				
Integration mit anderen Systemen		Integrationsmodell		Integration & Data Flows		
Unternehmensübergreifende planung (Collaborative Planning)	NetWORKS, Supply Chain Broadcast, Intelligent Messenger	Business to Business Procurement (SAP BBP), ATP über Internet	Planner	Numetrix/xtr@	Kein eigenes Modul, sondern integrierte Lösung	PeopleSoft Supply Chain Collaborator

3.2 Kritische Betrachtung der verschiedenen Softwarelösungen

Bei der Betrachtung des Funktionsumfangs der einzelnen Softwarelösungen für das SCM, speziell in der Zulieferer–Abnehmer-Beziehung. sind im Rahmen dieser Arbeit die Funktionen Bedarfsplanung- und Prognose, Distributionsplanung und –prognose, Beschaffungsplanung und –steuerung, Transportplanung und –steuerung, Verfügbarkeitsprüfung, die strategische Entscheidungsunterstützung sowie die unternehmensübergreifende Supply-Chain-Planung zwischen den beteiligten Unternehmen herausgegriffen worden. Die Produktionsplanung und –steuerung wurde bewußt bei der Betrachtung herausgenommen, da sie eher auf das unternehmensinterne Supply-Chain-Management ausgerichtet ist. Bei den genannten Funktionen handelt es sich um die wichtigsten Funktionen der SCM-Software, die in der Zulieferer–Abnehmer Beziehung berücksichtigt werden sollten. Bei der Darstellung der einzelnen Module wurden die Angaben der Hersteller sowie, soweit vorhanden, unabhängige Bewertungen der Software hinsichtlich ihrer SCM-Tauglichkeit verwendet.

3.2.1 Die Absatzplanung und Absatzprognose

Ein Tool zur Absatzplanung und –prognose bzw. zur Bedarfsplanung und –prognose wird von allen der untersuchten Softwarehersteller angeboten.

Beim **Demand Management** von **Manugistics** wird die Nachfrage statistisch prognostiziert. Der Anwender kann dabei zwischen den Prognosemethoden von Lewandowski, Fourier, Holtwinters und anderen auswählen. In diese Berechnungen fließen Faktoren wie Markentreue, Lebenszyklen, Klima oder saisonale Schwankungen ein. Die Software ermöglicht dem Entscheider, die Prognoseleistung auf verschiedenen Ebenen der Hirarchie zu verfolgen und zwar pro Verkaufseinheit, pro Prognoseart oder pro Zeithorizont. Das **Supply Chain Broadcast** zeigt den Beteiligten der Versorgungskette kritische Vorgänge wie neue Kundenbedarfe auf. Dadurch, daß Kennzahlen wie Liefertreue mitgeliefert werden, kann online über Alternativen entschieden werden. Unterstützt wird dieses Tool durch das **Constraint Based Master Planning**, welches betriebliche Restriktionen vorgibt. Auch das Modul **Network Design & Optimization** gibt entsprechende Unterstützung bei der Bedarfsplanung indem es als intelligentes Modellierungswerkzeug den zukünftigen Bedarf prognostiziert, so daß aufwendige Fehleinschätzungen vermieden werden. Außerdem bietet das Demand Management die Möglichkeit, weitreichende Werbe- und Verkaufsmaßnahmen zu planen. Dies kann entweder manuell eingegeben werden, basierend auf der Verkaufsvorhersage, oder eine neue Promotionaktion kann nach dem Muster einer bekannten vorherigen Aktion ablaufen, basierend auf einer Modellierung.

Die Erfassung von Verkaufsmengen kann mit Hilfe des Moduls **NetWORKS** über das Internet stattfinden. Die Eingabe kann weitergegeben werden auf Ebenen der Geschäftseinheiten oder Produktarten.

Innerhalb des **APO** von **SAP** wird das **Demand Planning** angeboten. Dieses basiert auf dem **SAP Business Warehouse (SAP BW)** und erhält von diesem die benötigten Vergangenheitswerte zur statistischen Schätzung des zukünftigen Absatzes. Die einzelnen Methoden und Verfahren, die im Demand Planning enthalten sind, werden im Kapitel über den SAP APO explizit aufgeführt.

Baan bietet das Modul **Demand Planner** an. Dieses umfaßt eine automatisierte, flexible und mehrdimensionale Bedarfsplanung, die die verschiedensten statistischen Techniken beinhaltet. Dabei nutzt dieses Tool die Bayesian'sche Methode zur Generierung einer Prognose aus vergangenen Daten. Die Anwendung konfiguriert automatisch das Prognosesystem, die optimalen Prognoseebenen und alternative –methoden eingeschlossen, um die beste und möglichst zuverlässigste Prognose bereitzustellen. Diese Auswahl basiert auf der Ermittlung von Mustern in den Daten, z. B. Trends, saisonale Schwankungen und andere Korrelationen.

Der variable Horizont der Bedarfsprognose macht die Betrachtung des zukünftigen Bedarfs mit einem Horizont auf Basis von Tagen, Wochen und Monaten möglich.

Zusätzlich werden durch kausale Modellierungstechniken das Bedarfsverhalten von Abnehmern und die Marktsituation analysiert. Desweiteren wird die Analyse und Modellierung des Bedarfs durch einen auf Statistik und künstlicher Intelligenz basierenden Ansatz durchgeführt.[68] Der Bedarf kann in unterschiedlichen Dimensionen und Ebenen modelliert und analysiert werden. Unter Dimensionen versteht man in diesem Fall Produkthierarchie, Distributionsnetz oder Vertriebskanäle. Beim Modellierungsprozeß werden auf vielfältige Unternehmensdaten zugegriffen, z. B. Verkäufe, Bestellungen, Primärbedarfe, saisonale Schwankungen oder Marktindikatoren. Dieses Tool bietet außerdem ein Simulationswerkzeug, das besondere Ereignisse und deren Auswirkungen auf die Nachfrage simuliert, vor allem Preisstrategien oder Einführung von neuen Produkten.

Desweiteren bietet diese Software die Möglichkeit, automatisiert benutzerdefinierte betriebswirtschaftliche Problemstellungen aus den Planungsdaten zu isolieren. So werden beispielsweise Änderungen im Bedarfsverhalten schnell identifiziert.

Die Überwachung und Steuerung der Sicherheitsbestände im Warenausgangslager kann ebenfalls mit Hilfe dieser Software durchgeführt werden. Dabei werden dynamische Sicherheitsbestandspläne durch die Software zur Verfügung gestellt, die Lagerrichtlinien und Dynamik des Marktbedarfs bei der Planung berücksichtigen.

Das **Planning Web** des Demand Planners bietet eine interaktive Planungsumgebung, auf die verschiedene Benutzer zugreifen und agieren können. Die Verwendung von Internet-Technologie ermöglicht den Austausch von Planungsdaten mit den Abnehmern.[69]

Das **Demand Planning** von **Numetrix** stimmt den Materialbedarf auf die Produktionskapazitäten ab. Es erstellt auf der Grundlage historischer Daten ein genaues Prognosemodell für jedes Produkt, um den voraussichtlichen Bedarf zu ermitteln. Dabei wird die Erstellung der Prognosen durch ein Tool ergänzt, das verschiedene statistische Prognoseverfahren beinhaltet. Die Erstellung der Prognose erfolgt nach Bayes'schen Algorithmen unter Berücksichtigung von kausalen Faktoren wie Saisonalität, Trends, Aktionen oder Produktabhängigkeiten. Hier-

---

[68] Vgl. *Luczak et al.* (1999), S. 5.
[69] Angaben des Herstellers Baan (1999), o. S.

bei wählt das System automatisch die beste Planungsebene (Produkt, Produktfamilie, Vertriebsweg usw.) für die Prognose aus.

In Verbindung mit **Numetrix/xtr@** kann dieses Tool zur Generierung von Prognosen anhand der vorliegenden Nachfragedaten von Abnehmern und Mitarbeitern aus den unterschiedlichen Unternehmensbereichen eingesetzt werden. Auch hier ist ein Informationsaustausch mit dem Abnehmer via Internet möglich.[70]

Das Tool **Rhythm Demand Planning von i2 Technologies** ermöglicht die Kombination einer Vielzahl statistischer Prognosetechniken zur Generierung eines Absatzplanes. Die Prognoserechnung kann, basierend auf verschiedensten Vergangenheitswerten (z. B. Verkaufsmenge, Wert oder Bedarf), erstellt werden. Insgesamt stehen dem Entscheider 35 statistische Methoden zur Verfügung, die er auch miteinander kombinieren kann und ihm so die Möglichkeit geben, sich auf bestimmte Problemfelder zu konzentrieren. Eine sogenannte „Pick-Best"-Strategie stellt für jeden Zweig in der Produkthierarchie fest, welche statistische Prognosetechnik in der Vergangenheit die besten Ergebnisse geliefert hätte und schlägt sie den Entscheider vor, z. B. zur Validierung der eingegebenen Daten. Daher lassen sich Prognosefehler erheblich reduzieren und die Planungsgenauigkeit wird deutlich erhöht.[71] Der Demand Planner bietet die Möglichkeit mehrere Prognosen parallel halten zu können. Dies ermöglicht allen Abteilungen, die zu einer Bestimmung des Bedarfs beitragen können, dieses System parallel zu nutzen und somit einen unternehmensintern kollaborativ erstellten Bedarfsplan zu erzeugen. Dabei kann jeder der Beteiligten auf der für ihn angemessenen Ebene arbeiten. In die Bedarfsplanung können auch eine Vielzahl von Kausalfaktoren, wie Konjunktur- oder Wetterdaten, mit einbezogen werden. Dies kann sowohl eine Korrektur von Historiedaten als auch eine Anpassung der Prognosen bewirken. Durch die Automation, statistische Prognosemodelle und problembasiertes Planen ist eine Reduktion der Planerstellungszeiten zu erwarten.[72]

Das Tool **PeopleSoft Demand Planning** generiert eine Bedarfsprognose, die sich aus Auftragshistorie, Wirtschaftsindikatoren und Informationen der Mitarbeiter stützt. Die Bedarfsprognose dient als Grundlage zur Bedarfsplanung, die wiederum den Enterprise Plan steuert und die entsprechenden Daten an das ERP-System weiterleitet. Die Planungsdaten werden zusätzlich durch Abnehmer- und Lieferantendaten ergänzt. In diesem Modul kommen innovative Technologien wie mehrdimensionale Datenbanken und neueste statistische Algo-

---

[70] Angaben des Herstellers Numetrix (1999), o. S.
[71] Angaben des Herstellers i2 Technologies (1999), o. S.
[72] Vgl. *Luczak et al.* (1999), S 6.

rithmen zum Einsatz. Für die Erstellung der Prognosedaten können sowohl progressive wie retrograde Verfahren eingesetzt werden. Die erzeugten Ergebnisse können von den jeweiligen Planungsexperten überarbeitet werden und geben somit dem Entscheider eine relativ große Entscheidungsfreiheit. Das Demand Planning besitzt Schnittstellen, die den Austausch von Daten mit dem Abnehmer via Internet zulassen. Mehrere Anwender könne auch hier interaktiv in Teams an der Prognoseerstellung mitwirken.

In einer abschließenden Betrachtung läßt sich feststellen, daß die Module für die Absatzplanung in ihrem grundsätzlichen Aufbau annähernd gleich sind. Es werden vielfältige Prognosemethoden und –verfahren angeboten, die gleichzeitig die unterschiedlichsten Einflüsse bei der Berechnung berücksichtigen. Bei einigen Modulen ist die Möglichkeit einer Auswahl und Kombination der verschiedenen Prognoseverfahren gegeben.

Zusammenfassend kann man sagen, daß der Planner der Firma Baan das umfangreichste Funktionsangebot erhält. Er ist konzipiert für den Einsatz in Großunternehmen, in denen eine Vielzahl von Determinanten das SCM beeinflussen. Erwähnung verdient auch die Internetanbindung, die den Datenaustausch mit den Partnerunternehmen via Internet ermöglicht.

Für mittelständische Betriebe enthält der Planner von Baan viele Funktionen, die wahrscheinlich keine Anwendung finden würden. Hier wäre es wohl eher zu empfehlen, ein SCM-Softwaretool der anderen Anbieter auszuwählen.

Das Demand Planning von SAP bietet wohl das reichhaltigste Angebot an verschiedenen statistischen Verfahren und deren Kombinationsmöglichkeiten, die individuell zusammengestellt werden können. Einzelheiten sind im Kapitel über den SAP APO enthalten.

Als Mangel sehe ich die unzureichende Möglichkeit des Informationsaustausches mit Abnehmern. Internetkommunikation wird nicht von allen Herstellern angeboten, SAP plant eine solche Funktionalität.

Positive Beispiele für einen funktionierenden Informationsaustausch sind vor allem im Handel anzutreffen. Hier werden mittels des *Efficient Consumer Response (ECR)*, einem strategischen Konzept zur effizienten Kundenreaktion, Umsatzdaten vom *Point of Sale (POS)* an die vorgelagerten Institutionen weitergeleitet und ermöglichen somit eine präzise und schnelle Bedarfsplanung.[73]

Als Beispiel einer funktionierende SCM-Softwarelösung für die Bedarfsplanung kann die Firma Unifrost GmbH (Eskimo-Iglo) gesehen werden. Hier wurde das Demand Management

---

[73] Vgl. CD-ROM: „Easy Learning for SCM" (1999), o. S.

von Manugistics eingeführt. Gerade bei stark saisonabhängigen Produkten wie Speiseeis ist es von besonderer Bedeutung, auf Bedarfsänderungen schnell reagieren zu können. Bereits drei Monaten nach der Installation der Software konnten erste Budgetprozesse von Anwendern in Marketing und Vertrieb mit Hilfe der Software durchgeführt werden. Dabei werden die zusätzlichen Artikelebenen, die an die spezifische Artikelhierarchie von Unifrost angepaßt sind, mit Hilfe der Software übersichtlich abgebildet. Künftige Bedarfe der verschiedenen Sortimente werden so leichter und reibungsloser geplant. Es kann auf diese Weise eine verbesserte, rollierende Bedarfsprognose erstellt werden.[74]

3.2.2 Die Distributionsplanung und –prognose

Die Distributionsplanung und –prognose wird von allen untersuchten Herstellern angeboten. Unterschiede bestehen allerdings in der Integration der Distribution mit anderen Unternehmensbereichen wie Lagerhaltung oder Produktion.

Distribution Planning von **Manugistics** unterstützt ein bedarfsorientiertes Bestandsmanagement. Es erzeugt zeitgerechte Pläne zur Auffüllung der Warenausgangsläger unter Berücksichtigung von Engpässen in der Produktion, Änderungen der Aufträge (z. B. Eilauftrag), grenzüberschreitende Transporte oder Warenströme, die durch die bedarfsgerechte Umvereilung in der Supply-Chain entstehen. Es wird mit diesem Modul eine Bestandsplanung innerhalb einer mehrstufigen Distributionsplanung durchgeführt. Supply-Chains werden artikelbasierend definiert, wobei jeder Artikel über eine einzige Verbindung zu einem Lagerort verfügt, um Parameter wie Prognoseanpassungsregeln, Sicherheitsbestands- und Verteilungspolitik, und Ausnahmemanagement festzulegen. Jeder Artikel kann dabei einzeln, manuell oder automatisch, für eine „Push" oder „Pull" Bestandsstrategie definiert werden. Der Bedarf wird in diesem Modul nach drei Arten unterschieden. Dabei gibt es den *Supply-Chain-abhängigen Bedarf* (Prognosebedarf und Kundenauftrag), den *Distributionsbedarf* (interner Bedarf nach Lagerauffüllung) sowie den *abhängigen Bedarf* (Verhältnis zwischen dem Endprodukt und den Subartikeln).[75]

Die Bestände des Warenausgangslagers werden durch die Erstellung eines Bestandsplanes festgelegt, der auf dem Bedarfsprognose-Modul (Demand Planning) und der Verfügbarkeit

---

[74] Angaben des Herstellers Manugistics (1999), S. 9.
[75] Angaben des Herstellers Manugistics (1999), o. S.

von Beständen basiert. Jeder Artikel in den Warenausgangslagern wird durch Parameter und ein gewünschtes Bestandsprofil beschrieben. Unter den Parametern versteht man Definitionen über Sicherheitsbestände, minimale und maximale Bestände, Reichweiten etc. Ein Bestandsprofil berücksichtigt Informationen über den gewünschten Bestandsaufbau wegen Produktionsruhezeiten, Neuprodukteinführungen etc. Die Wiederbevorratungsvorschläge berücksichtigen Informationen wie aktueller Bestand, prognostizierter Bedarf, Zugänge aus der Produktion und die beschriebenen Distributionsparameter.

Unterstützt wird dieses Tools durch das **Constraint Based Master Planning**, welches bereichsübergreifende Beschränkungen innerhalb des Unternehmens berücksichtigt.

Die Bestandteile des **Distribution Planning** sind **Vendor Managed Inventory** und **Continuous Replenishment Planning (VMI/CRP)**. VMI ist ein Konzept, bei dem die Zulieferer die Bestände ihrer Komponenten bei den Abnehmern selbst verwalten.[76] So haben sich in der Automobilindustrie Konsignationsläger etabliert, die in der Verantwortlichkeit des Zulieferers stehen.[77] Das VMI ermöglicht eine exakte Planung der lieferantengesteuerten Lagersteuerung beim Abnehmer verbunden mit einer ständigen Lagerauffüllung.

SAP bietet mit seinem Modul **SAP Logistics Execution System (LES)**[78] ein System zur Planung und Steuerung der ein- und ausgehenden Transporte an. Das **LES** basiert auf dem **Tranportation Management System (TMS)** und dem **Warehouse Management System (WMS)**. Das WMS erweitert die Funktionalität um schnelle Eingangs- und Ausgangsverarbeitung, sowie eine optimale Lagerverwaltung des Distributionslagers. Das **Supply Network Planning (SNP)** ermöglicht ebenfalls das lieferantengesteuerte Lagermanagement **(VMI)**. Außerdem wird über das Modul **Deployment** geprüft, welche Bedarfe mit dem vorhandenen Angebot gedeckt werden können. Nähere Erläuterungen zu diesen Modulen werden im nächsten Kapitel gegeben.

Der **Planner** von **Baan** bietet einen ähnlichen Funktionsumfang wie die anderen untersuchten Module. Auch hier wird die Planung constraint based durchgeführt. Dem Entscheidungsträger werden trotz einer Vielzahl von Optimierungsalgorithmen ein hoher Grad an Entscheidungsfreiheit eingeräumt. Das Materialpuffer-Management dieses Tools ist dahingehend ausgerichtet, daß geringe Lagerbestände, kurze Durchlaufzeiten, ein erhöhter Logistiketten-Durchsatz sowie eine verbesserte Liefertreue realisiert wird.[79]

---

[76] Vgl. CD-ROM: „Easy Learning for SCM" (1999), o. S.
[77] Vgl. *Urban* (1999), o. S.
[78] Anmerkung: Dieses Tool ist lt. SAP noch in der Entwicklung und wird 09/1999 auf den Markt kommen.
[79] Angeben des Herstellers Baan (1999), o. S.

Die Firma **Numetrix** bietet das Produkt **Distribution Planning and Deployment** an. Dieses Modul ist sowohl für die Planungs- als auch für die Ausführungsebene konzipiert worden. Auf der Planungsebene können mittelfristige Beschaffungs- und Distributionspläne erstellt werden, welche auf den mit **Enterprise Supply Chain Planning** erarbeiteten Richtlinien, dem mittelfristigen Bedarf, den Kapazitätsdaten und dem aktuellen Lagerbestand beruhen. Auf der Ausführungsebene bietet das Modul Unterstützung für die Beladungsverwaltung. Hierbei können die kostengünstigsten Lösungen hinsichtlich Beschaffungs- und Bestimmungsort erstellt werden. Außerdem kann man entscheiden, ob zur Bedarfsdeckung die Produktionszahlen erhöht oder Überdeckungsbestände aus einem Distributionszentrum abgezogen werden sollen.[80]

Ebenfalls wird von diesem Tool das **VMI** und das **ATP** sowie das **Capable to Promise (CTP)** unterstützt und mit den nötigen Daten versorgt. Das VMI wird mit Hilfe von **Numetrix/xtr@** via Internet abgewickelt und ermöglicht somit eine kostengünstige Kommunikation zwischen Zulieferer und Abnehmer.[81]

Rhythm von **i2 Technologies** bietet mit seinem Tool **Distribution Planning** ein Optimierungswerkzeug für die Logistik unter Einbeziehung der globalen Unternehmenszielsetzung. Das Ziel der Planung dieses Moduls ist die Generierung eines globalen Optimums und die Erstellung machbarer Pläne. Daher werden die Charakteristika, Pläne und Engpässe aller Bereiche des SCM simultan betrachtet. In der Planung der Bestände des Warenausgangslagers wird ein optimales Gleichgewicht zwischen Bestandszielen und dem geforderten Kunden-Serviceziel angestrebt. Es werden sowohl die Änderungen auf der Abnehmer- wie auch auf der Zuliefererseite bei der Planung der Bestände berücksichtigt. In diesem Tool wird eine flexible Zuordnung von Artikeln mit ähnlichen Charakteristika in relevante Gruppen und Hierarchien, über die dann Lagerhaltungs- und Nachschubstrategien spezifiziert werden können, ermöglicht. Das Modul **Master Planning** gibt die notwendigen Vorgaben auf taktischer Ebene. Hierbei werden taktische Sicherheitsbestände für jeden Bestandshaltungspunkt der Supply-Chain bestimmt. Diese Sicherheitsbestände werden im Bestandsmanagement mit den Materialbeständen abgeglichen. Umlagerungs- oder Nachschubaufträge werden dem Entscheider vorgeschlagen. In Engpaßsituationen wird das Bestandsmanagement innerhalb von Minimum/Maximum Bestandsbändern unterstützt.

Electronic-Commerce-Funktionen zum Informationsaustausch zwischen Zulieferer und Abnehmer können zusätzlich eingebunden werden.

---

[80] Vgl. *Luczak et al.* (1999), S. 6.
[81] Angaben des Herstellers Numetrix (1999), o. S.

Desweiteren können durch *what-if-Analysen* Änderungen der Parameter jederzeit simultan simuliert und analysiert werden.

PeopleSoft hat bei seiner Lösung der Vertriebs- und Distributionslogistik verschiedene Tools kombiniert. Dabei stehen diverse Mechanismen zur Planung und Steuerung des Bestandes an Waren zur Verfügung. Es können Informationen zum Sicherheitsbestand (Obergrenze, Zielwert) und zum Mehrbestand (Grenzwert, Zielwert) festgelegt werden. Diese Informationen werden dann im Rahmen der integrierten Planung weiterverarbeitet. Die **PeopleSoft Auftragsabwicklung** ermöglich eine genaue Bearbeitung der Kundenaufträge, da es die entsprechenden Produkt- und Distributionsdaten im gesamten Unternehmen erfaßt, verwaltet und für alle Anwender zu Verfügung stellt. Auf diese Weise lassen sich die unterschiedlichsten Bestellformen, Verträge, Kostenvoranschläge, Streckengeschäfte, wechselnde Produktlisten und ATP in Echtzeit verwalten. Bestellungen werden schnell via EDI, per interaktivem Sprachsystem und elektronischer Formularbearbeitung erfaßt und lassen sich aus anderen Abnehmersystemen importieren. Durch die direkte Verknüpfung mit dem **PeopleSoft Lager** kann unmittelbar auf die Verfügbarkeitsdaten zugegriffen werden. Vor der verbindlichen Zusage des Liefertermins ermittelt das Tool **PeopleSoft Auftragsoptimierung** die in der Logistikette verfügbaren Materialien und die entsprechenden Kapazitäten (CTP). Der **PeopleSoft Produktkonfigurator** kann bereits beim Auftragseingang Zusagen über die Ausführbarkeit der Aufträge machen.

Im Hinblick auf die Distributionsplanung und –prognose werden von den unterschiedlichen Herstellern ähnliche Methoden, Verfahren und Konzepte in den entsprechenden Modulen angeboten. Das lieferantengesteuerte Lagermanagement (VMI), als wichtige Komponente zur Umsetzung einer funktionierenden Zulieferer-Abnehmer-Beziehung, wird allerdings nur von Manugistics, Numetrix und von SAP angeboten. Zusätzlich wird von Manugistics das Continuous Replenishment Planning (CRP) angeboten, welches das Konzept des VMI unterstützt. Hier ist sicherlich noch Verbesserungsbedarf bei den anderen Herstellern gegeben.

I2 Technologies bietet als einziger Anbieter in seinem Tool Distribution Planning eine Möglichkeit der Auswertung von Servicegrad und Vorlaufzeit. Außerdem ist i2 der einzige Anbieter, der es in diesem Modul ermöglicht, durch what-if-Analysen verschiedene Szenarien zu simulieren und zu analysieren.

Die Distributionsplanung von PeopleSoft bietet die umfangreichsten Werkzeuge für die Distributions- und Logistikplanung, die auch den Datenaustausch mit dem Abnehmer via EDI zulassen.

In der Praxis gibt es schon Beispiele funktionierender Zulieferer-Abnehmer-Beziehungen, in denen VMI zum Einsatz kommt. So konnte mit Hilfe der Software Manugistics5 die BASF AG das *Vendor Managed Inventory (VMI)* als Steuerungsinstrumentarium einsetzen. Der Einsatz der Software ermöglicht der BASF AG den Lagerbestand Ihrer Abnehmer zu steuern. Manugistics5 gab der BASF AG eine Transparenz des Abnehmerlagers, so daß minütlich der Lagerbestand online abgerufen wird. Somit kann jederzeit auf die Lagerentwicklung reagiert, d. h. nachgeliefert, werden. Die Abrechnung erfolgt monatlich im Gutschriftsverfahren. Die Anlagenbelegung bei der BASF AG kann optimiert werden. Auftretende Bedarfsschwankungen beim Abnehmer wirken sich weniger gravierend aus als bei herkömmlicher Lagersteuerung. Eine solidere Bedarfs- und Transportplanung beim Zulieferer, der BASF AG, ist nun möglich.

Weitere konkrete Vorteile sind der Wegfall von Vorlaufzeiten, da der Verbrauch des Kunden bekannt ist. Transporte können präzise geplant werden. Die Produktion ist optimal auf die jeweiligen Gegebenheiten ausgerichtet. Der Kunde hat einen Spareffekt, da er Bestände reduziert. Er überträgt sein Eigentum dem Lieferanten und zahlt erst bei Entnahme der Ware. Aufträge müssen nicht mehr erteilt werden.

Auch der Abnehmer kann nun zuverlässiger und kostengünstiger produzieren, da er weniger Sicherheiten einbauen muß. Sowohl Zulieferer als auch Abnehmer können nun ihre administrativen Prozesse effektiver gestalten.[82]

3.2.3 Die Beschaffungsplanung und Beschaffungssteuerung

Die Beschaffungsplanung und –steuerung wird ebenfalls von allen untersuchten Herstellern angeboten. Nicht jeder Hersteller bietet hierfür ein eigenes Tool. Einige Hersteller integrieren die Beschaffungsplanung in die Module der Produktions- und/oder Distributionsplanung bzw. in Module der taktischen Planung.

Manugistics bietet mit seinem Tool **Material Planning** ein Modul, das durch dynamische Substitution der Teileverwendung, periodengenaue Beschaffung und Online-Verbindung zum Zulieferer eine Reduktion der Beschaffungskosten erreicht. Die Software ermöglicht eine sekundenschnelle Materialauflösung für komplexe Stücklisten und ermittelt bei Materialengpässen die Verfügbarkeit von Alternativmaterial. Dabei werden bei der Auswahl der Zulieferer über den gesamten Produktlebenszyklus alternative Beschaffungsquellen berücksichtigt. Das Programm ermittelt, in Verbindung mit komplexen Stücklisten, auf die strategischen Ziele ausgerichteten Beschaffungsvorschläge. Das Material Planning faßt alle internen und externen Vorgaben und Einschränkungen aus dem Vertrieb, der Produktion und der Abnehmer zusammen und läßt diese in der Generierung der Beschaffungspläne einfließen.

In Kombination mit dem Tool **Manugistics Purchase Planning** werden via Internet Verbindungen zu den Zulieferern hergestellt und somit alternative Materialverfügbarkeit online geprüft. Außerdem werden automatisch die Zulieferer identifiziert, die die günstigsten Konditionen anbieten. Dies gibt einen Überblick über Kostenreduzierungspotentiale bei der Beschaffung. Diese Angaben fließen dann in einen unternehmensweiten Materialplan ein, der die Materialien und die entsprechenden Zulieferer enthält.

Das Tool **SmartBILL Substitution** ermöglicht die Beschaffungsplanung und –kalkulation bei Anpassung der Endprodukte an veränderte Kundenanforderungen. Hier werden Auswirkungen dieser Änderungen in der Produktstruktur sofort simuliert und neue Stücklisten erstellt sowie eine Kalkulation für das neue Produkt durchgeführt.

Im Modul **SmartBILL Configurable Alternatives** werden dem Entscheider bei der Auswahl alternativer Materialien Interdependenzen zwischen den einzelnen Teilen aufgezeigt. Hierbei werden Variablen wie Kosten, Kompatibilität von Komponenten, Gewicht, Entfernung oder externe Faktoren wie Temperatur oder Feuchtigkeit bei der dynamischen Planung einbezogen.

Das Modul **Synchronized Allocations** erzeugt Zielvorgaben, an denen der Beschaffungs- und Produktionsplan angepaßt wird. Hier können den einzelnen Unternehmenszielen auch verschiedene Gewichtungen gegeben werden.

Bei der **Can-Build-Analysis** werden veraltete Lagerbestände dahingehend überprüft, ob sie noch Verwendung in einem neu entwickelten Produkt finden könnten. Damit wird die Verwendung veralteter Lagerbestände optimiert.

Das **Constraint Based Master Planning** gibt die strategischen Vorgaben und Beschränkungen des Unternehmens oder der Supply-Chain an die Beschaffungsplanung weiter.

Beim **SAP Business-to-Business Procurement (SAP BBP)** sind Zulieferer und Abnehmer in Echtzeit über das Internet miteinander verbunden. Die Mitarbeiter sind bei diesem Tool in der Lage, selbständig die benötigten Materialien und Dienstleistungen (C-Artikel, Maintenance Repair Operations (MRO)) zu bestellen. Bei dieser Applikation werden die betriebswirtschaftlichen Vorgänge wie das Anlegen von Bestellanforderungen, Bestellung und Reservie-

---

[82] Angaben des Herstellers Manugistics (1999), o. S.

rung mit oder ohne Katalog, Genehmigung und Absage, Unterstützung bei der Erfassung von Wareneingang und Dienstleistung sowie Rechnungseingang durchgeführt. Außerdem wird bei dieser Anwendung die Lieferantenanalyse und Lieferantenauswahl unterstützt.

Mit der SAP BBP wird durch die Web-basierte Integration der Beschaffungszyklus verkürzt und das strategische Lieferantenmanagement verbessert.[83]

Geplant ist eine Real-Time-Internetanbindung, die für JIT-Vorgänge geeignet ist. Dabei rechnet der APO interaktiv die Bedarfe aus. Diese werden via Internet an den Zulieferer übermittelt und ermöglichen somit die Anlieferung direkt an die Produktionsstätte des Abnehmers.[84]

Der **Planner** von **Baan**, der auch die Distributionsplanung und die Produktionsplanung beinhaltet, enthält auch ein Tool zur Unterstützung der Beschaffungsplanung und -steuerung. Die Daten über zu beschaffende Materialien erhält dieses aus der Distributions- sowie der Produktionsplanung. Der Planner erlaubt den Benutzer einen hohen Grad an Entscheidungsfreiheit und ermöglicht diesem einen Überblick über verschiedene Zulieferer sowie deren Konditionen. Der Planner unterstützt die Zuliefererauswahl durch eine Anzahl von sogenannten Geschäftsregeln. Diese Regeln können vom Kunden an die eigenen Geschäftsbedingungen angepaßt werden. Das Ergebnis ist ein Beschaffungsplan, der Beschaffungs- und Durchlaufzeiten minimiert.[85]

Material Sourcing von **Numetrix** ist ein neues Modul, das in der Softwarelösung **Numetrix/3** enthalten ist. Es ist für alle Planungsebenen konzipiert, das heißt, für die strategische Planung ebenso für die Ausführung. Hier wird ein strategisches Lieferantenmanagement sowie die Abwicklung aller mit der Beschaffung verbundenen administrativen Aufgaben durchgeführt.

Dem Entscheider werden hier eine Vielzahl von alternativen Lieferanten zur Verfügung gestellt und Vorschläge zur Lieferantenauswahl gemacht.

Das Modul **Manufacturing Planning** von **i2 Technologies**, welches in dem Produkt Rhythm enthalten ist, berücksichtigt bei der Planung der Beschaffung multiple Constraints und wechselnde Engpässe. Bei der Entscheidungsfindung wird das Tool **Procurement and Outsourcing** eingesetzt. Dieses unterstützt die Planung der Zuliefererkapazitäten und versorgt außerdem das eigene Unternehmen mit Informationen, die das Outsourcing und die Beschaffungsstrategie betreffen. Hier können die verschiedenen Sourcing-Möglichkeiten defi-

---

[83] Angaben des Herstellers SAP (1999), o. S.
[84] Vgl. *Zencke* (1999), o. S.
[85] Angeben des Herstellers Baan (1999), o. S.

niert und modelliert werden. Anschließend hat man die Möglichkeit, die verschiedenen Alternativen mit Präferenzen zu belegen.

Das **RHYTHM Master Planning** erstellt einen optimierten Plan auf taktischer Ebene für die gesamte Supply-Chain, der vorgibt, wann und wo welche Fertig- oder Halbfertigprodukte eingekauft werden sollen. Bei der Gesamtplanung werden viele Beschränkungen berücksichtigt.[86]

Das Tool **PeopleSoft Beschaffung** verwaltet neben Rohstoffen, Dienstleistungen, Produkten und Wirtschaftsgütern auch Zulieferungen und Lieferantenverträge. Diese Daten werden online verwaltet und bieten somit die Möglichkeit flexibel und schnell zu reagieren. Mittels Technologien wie EDI und automatisierten Bedarfsmelde-, Einkaufs- und Wareneingangswesen wird ein hoher Grad an Kommunikation mit Zuliefern und Mitarbeitern gewährleistet.

Bei der Bedarfsdeckung werden in diesem Tool vier verschiedene Arten unterschieden:

- Lageraufträge (Artikel sind im Lager der Geschäftseinheit vorhanden),

- Transferaufträge (Artikel werden aus anderen Geschäftseinheiten transferiert),

- Beschaffungsaufträge (Artikel werden vom Zulieferer beschafft),

- Fertigungsaufträge.

Bei der Planung wird bestimmt, ob das Erzeugen neuer Beschaffungsaufträge zulässig ist oder nicht. Je nach Einstellung der Planungsziele wird das Modul die jeweils günstigere Alternative auswählen, um ein optimales Ergebnis zu erzielen. Somit werden die Beschaffungszeiten stark reduziert und die Effizienz bei der Beschaffung erhöht. Durch die Möglichkeit, sehr genaue Zulieferpläne zu erstellen, wird die JIT-Produktion ermöglicht.[87]

Bei der Untersuchung der verschiedenen Angebote im Bereich der Beschaffungsplanung und –steuerung sind teilweise erhebliche Unterschiede im Funktionsumfang der verschiedenen Produkte aufgefallen. Die Firma Manugistics bietet die umfangreichsten Funktionalitäten zur Beschaffungsplanung an. Hierbei sind besonders die Simulationsprogramme erwähnenswert, die „what-if"-Szenarien durchführen.

Das sogenannte Internet/Intranet-gestützte Electronic-Procurement (E-Procurement) gewinnt immer mehr an Bedeutung. Dabei speisen die Zulieferer Produktkataloge in das Intranet des Abnehmers ein und verknüpft die getätigten Bestellungen sowohl mit dem Vertriebssystem des Zulieferers als auch mit dem Beschaffungssystem des Abnehmers.

---

[86] Vgl. *Luczak et al.* (1999), S. 8.
[87] Vgl. *Luczak et al.* (1999), S. 12.

Das SAP BBP bietet hier erste Ansätze zur Realisierung des Electronic-Commerce durch die Internetanbindung von Zulieferer und Abnehmer, welche die Electronic-Commerce- Funktionen des SAP APO unterstützen. Da das E-Procurement noch relativ jung ist, sind hier sicher noch nicht alle Aspekte bekannt und ausgereizt.[88]

Die geplante JIT-Anbindung in Echtzeit, die von der SAP AG geplant ist und von PeopleSoft bereits eingesetzt wird, fehlt bei den anderen Herstellern.

Das Material Sourcing von Numetrix kann für alle Planungsebenen verwendet werden, während hingegen bei Rhythm von i2 Technologies auf taktischer und operativer Ebene in verschiedenen Tools geplant werden muß. Dies stellt einen zusätzlichen Arbeitsschritt für den Disponenten dar. Baan und i2 Technologies bieten kein eigens für die Beschaffungsplanung erstelltes Modul an, sondern integrieren die Beschaffungsplanung in die Module der Produktionsplanung oder in den Planner (Baan), der außerdem die Distributionsplanung umfaßt. Dies ist ein Schritt in die integrierte Planung, der als Vorteil dieser Module zu sehen ist.

Als Beispiel einer funktionierenden Beschaffungsplanung und –steuerung mittels SCM-Software läßt sich die Computerfirma Digital nennen. Mit Hilfe der SCM-Software Rhythm von i2 Technologies konnten die Planungs- und Beschaffungsstrategien synchronisiert werden. Nach der Installation der Software konnten die Digital Standorte in weniger als 24 Stunden eine verläßliche Liefererterminzusage treffen, da Materialzusagen der Zulieferer via EDI in kürzester Zeit erfolgen. Digital plant die weltweite Planung der gesamten Supply-Chain auf sieben Tage zu reduzieren. Die Dauer der Materialverfügbarkeitsprüfung verkürzte sich von über fünf Tagen auf weniger als einen Tag. Die Termintreue bewegt sich konstant im Bereich von 90%. Die Möglichkeit von Rhythm alternative Lieferanten schnell zu finden, versetzt das Unternehmen in die Lage, ein riesiges Beschaffungvolumen zu verwalten und zu planen. Dabei bleibt gewährleistet, daß das Unternehmen zu jeder Zeit über die Teile verfügt, die es zur Erfüllung der Kundenaufträge benötigt.[89]

Gerade im Hinblick auf die Beschaffung von Kleinteilen (i. d. R. C-Teile), liegen die Beschaffungskosten bei ca. 80%, obwohl die C-Teile nur 20% des Einkaufsvolumen ausmachen. Um diese Beschaffungskosten zu reduzieren, suchen viele Unternehmen nach computerunterstützten Beschaffungskonzepten. Hier haben sich Tendenzen hin zu lieferantengesteuerten

---

[88] Vgl. http://www.lis.iao.fhd.de/scm (Stand 28.06.1999).
[89] Angaben des Herstellers i2 Technologies (1999), o. S.

Lägern entwickelt. Bei den Volkswagenwerken Sachsen GmbH in Mosel übernimmt die Auffüllung der Lagerbestände mit C-Teilen der Zulieferer mittels SCM-Software. Resultat ist, daß die Anzahl der zu koordinierenden Zulieferer für das Unternehmen sinkt, mehrere Prozeßschritte wegfallen und zusätzlich höhere Einkaufsrabatte erzielt werden können. [90]

3.2.4 Die Transportplanung und –steuerung

Auch für die Transportplanung und –steuerung bieten alle Hersteller ein entsprechendes Modul an.

Das **Transportation Management** von **Manugistics** erstellt graphische Routenpläne und steuert die Transportaufträge in der Supply-Chain. Integriert ist der **Intelligent Messenger**. Dieser kann jederzeit Auskunft über den aktuellen Standort innerhalb der Supply-Chain der verschiedenen Zwischen- und Fertigprodukte geben. Frachten für Routen werden direkt berechnet und eventuell einfließende Zölle werden in die Kalkulation einbezogen. Auch globale Supply-Chains können mit diesem Tool optimiert werden, d. h. Transporte mit dem Schiff oder Flugzeug. Das Transportation Management ermöglicht die simultane Planung der Transporte über komplexe Distributionsnetzwerke und stellt die Planungsergebnisse graphisch zur Verfügung. Dabei werden Routen, Wege und Stops, die eingelegt werden müssen, berücksichtigt. Das Unternehmen hat die Freiheit, die anfallenden Transporte zentral oder dezentral mit Hilfe dieses Tools zu planen.

Das **Modul NetWORKS/Carrier** analysiert die Transporte des Unternehmens ständig und ermittelt weitere Einsparmöglichkeiten z. B. durch Bündelung von Frachten (Transport Load Building (TLB)). Hierbei bietet das Unternehmen freie Transportkapazitäten im Internet in sogenannten „Frachtbörsen" an oder bucht selbst freie Transportkapazitäten bei anderen Firmen.

Als weiteres Hilfsmittel steht das **Transportation Management's Historical Data Warehouse** zur Verfügung. Es enthält alle Daten über geplante oder bereits realisierte Transporte und ermöglicht somit eine schnelle Planung der Transporte.

Das **Vendor Managed Inventory (VMI)** und das **Continuous Replenishment Planning (CRP)** fließen ebenfalls in die Transportplanung ein, indem diese Module bestimmten Trans-

---

[90] Vgl. http://www.lis.iao.fhg.de/scm (Stand 28.06.1999).

porten höhere Prioritäten zuordnen. Unter CRP versteht man die kontinuierliche Auffüllung des Kundenlagers durch den Zulieferer.

Auf taktischer Planungsebene bekommt die Transportsteuerung Vorgaben durch das **Constraint-Based Master Planning**.[91]

Transportation Management System (TMS) des **SAP APO** organisiert multimodale Eingangs- und Ausgangstransporte. In diesem Modul werden aktuelle Informationen für alle Partner in der Logistikkette bereitgestellt und erlauben somit schnelle und effiziente Transportentscheidungen.[92] Dieses Tool wird auf operativer Ebene unterstützt durch das **Transportation Load Building (TLB)**. Es dient vorwiegend der Zusammenstellung von geplanten Umlagerungen in transportfähige Einheiten. Bedingungen beim TLB können zum Beispiel maximales Gewicht, maximales Volumen oder maximale Anzahl der Palettenplätze sein. Die Methoden des TLB werden im Kapitel über den SAP APO ausführlicher behandelt.

Das **Baan Logistics Portfolio** ist ein System zur Strukturierung des Materialflusses und der Transportoptimierung. Dieses Modul besteht aus dem **RoutePro** und dem **TransPro**.

Das Tool **RoutePro** von **Baan** führt eine strategische Routenplanung constraint based sowohl für eigene als auch für externe Transportkapazitäten durch. Außerdem ermöglicht es die Einteilung des Absatzgebietes in bestimmte Regionen und bündelt Transporte für Kunden in der gleichen Region. Somit werden optimale Transportlose gebildet und die Transportkapazitäten voll ausgeschöpft. Angebote der einzelnen Spediteure werden im System hinterlegt. Für bestimmte Mengen und Routen werden dann die zur Auswahl stehenden Spediteure angezeigt.

TransPro führt sowohl die Planung als auch die operationale Steuerung der Transporte durch. Entscheidungen wie die Bündelung von Frachten, Wahl des geeigneten Transportmittels und Lieferantenauswahl werden unterstützt. Dieses Tool ist hauptsächlich für Firmen geeignet, die externe Spediteure beauftragen und/oder die eigenen Transportkapazitäten nutzen.

Numetrix nutzt bei der Transportplanung und –steuerung wiederum das **Distribution Management**. Bei diesem Modul wird constraint based die Auswahl der geeigneten Transportkapazität durchgeführt. Es gibt Hilfestellung bei der optimalen Beladung von LKWs. Desweiteren gibt diese Software dem Entscheider automatisierte Hilfestellung bei der Auswahl von Spediteuren, Fahrzeugen und bei der Ladungsbildung.

Dieses Tool berücksichtigt Kosten und Beschränkungen, während die Flexibilität bei der Ladungsbildung ausgedehnt wird. Bei der Ladungsbildung mittels **Vehicle Loading (VL)** wer-

---

[91] Vgl. *Luczak et al.* (1999), S. 1.
[92] Anmerkung: Dieses Tool ist lt. SAP noch in der Entwicklung und wird etwa 09/1999 auf den Markt kommen.

den die kurz- und langfristigen Auswirkungen jeder Entscheidung berücksichtigt. Die generierte Lösung basiert auf einem umfassenden Datenmaterial (z. B. Gewichts- und Größenrestriktionen etc.) und optimiert die Beladung der Transportmittel.[93]

Das **Transportation Planning** von **i2 Technologies** leitet aus der Bedarfssituation optimierte Pläne für die Transportressourcen ab, die Warenbestände von einem Ort innerhalb der Supply-Chain zum anderen bewegen sollen. Die operative Planung und Terminierung erfolgt constraint based durch das Transportation Planning. Das **Master Planning** führt die Transportplanung auf taktischer Ebene durch. Diese Tools zusammen erzeugen eine vollständige Transportlösung, die auch durch graphische Routenpläne, Frachtrechnung und Frachtverfolgung (Tracking) unterstützt wird. Die Optimierung erfolgt aufgrund der eingestellten Geschäftsregeln, unter Berücksichtigung der Transportmittelauslastung, günstiger Routen und und Frachttarife. Die dynamische und situationsgerechte Ermittlung von Transportrouten und Umschlagspunktselektion ist ein Kernbestandteil des **Rhythm Transportation Optimizer**. Neben der graphischen Unterstützung wird der Optimizer hauptsächlich zur Minimierung der Transportkosten eingesetzt, unter Einbeziehung strategischer Unternehmensziele.

Die **PeopleSoft Versand- und Ladungsplanung** definiert die erforderlichen Transportkapazitäten um allen Anforderungen hinsichtlich ein- und ausgehender Lieferungen gerecht zu werden. Dies geschieht über die Funktionen der Vertriebs- und Lagerplanung, des Frachtmanagements sowie der Auswahl der jeweils geeignetesten Lagerorte. Das **PeopleSoft Frachtmanagement** bildet, ähnlich wie bei den Produkten der anderen Hersteller, optimale Transportlose und ermittelt die geeigneten Lagerplätze.

Ebenfalls werden graphische Routen angezeigt und Frachtberechnungen durchgeführt. In Ergänzung liefert die **PeopleSoft Auftragsoptimierung** alternative Transportmöglichkeiten und bewertet diese.

Der Funktionsumfang der einzelnen Anbieter ist auf der operativen Ebene der Transportplanung nahezu gleich. Bei allen Anbietern werden „constraint based"-Planungsansätze verwendet. Bei allen steht die optimale Beladung der Ladungsträger, die Visualisierung der Transportrouten sowie die Kalkulation und Analyse der Frachtkosten im Vordergrund. Manugistics bietet den weitreichendsten Funktionsumfang an. Durch verschiedenen Tools und das VMI/CRP werden hier die größten Planungsmöglichkeiten geboten. Besonders erwähnenswert ist das Tool NetWORKS/Carrier, das ständig nach Einsparpotentialen sucht und durch

---

[93] Angaben des Herstellers Numetrix (1999), o. S.

Internetanbindung die Kapazität der Ladungsträger optimiert. Außerdem sind bereits geplante oder schon in der Vergangenheit realisierte Routen im System hinterlegt und verkürzen somit den Arbeitsaufwand. RoutePro von Baan bietet eine weitreichende Unterstützung bei der Lieferantenauswahl. Gerade bei Firmen, die nur externe Transportkapazitäten nutzen, ist dieses Modul sehr interessant.

PeopleSoft Auftragsoptimierung enthält die weitgehendsten Möglichkeiten zur Erstellung und Bewertung von alternativen Transportmöglichkeiten

Man kann feststellen, daß hier einige ausgereifte Lösungen im Bereich der Transportplanung und –steuerung existieren. Dem Disponenten werden besonders bei der Lieferantenauswahl und der Beladung weitreichende Hilfestellungen gegeben.

Insgesamt ist die graphische Darstellung der Transportrouten als hilfreich anzusehen. Werden allerdings komplexe Transportnetzwerke abgebildet, fehlt dem Disponenten der Überblick.

Die britische Großbrauerei Bass Brewers hat mit Hilfe der Software der Firma Numetrix den Umlauf ihrer Container und Bierfässer drastisch reduziert. Die Transportkosten der Versorgung der rund 23.000 Großhändler weltweit wurde mit Hilfe der Software um rund 23 % reduziert. Dabei hat der Einsatz der modernen Software dazu beigetragen, daß LKW-Frachten und die Beladung der Container, für Lieferungen nach Übersee, optimiert wurden. Die Anzahl der Transporte wurde ebenfalls um 20 % verringert.[94]

3.2.5 Die Verfügbarkeitsprüfung (Available to Promise)

Die Verfügbarkeitsprüfung, die eine Anfrage des Abnehmers auf ihre Machtbarkeit in Echtzeit durchführt, wird von allen untersuchten Herstellern angeboten.

Das **Real Time ATP+** von **Manugistics** liefert Aussagen über die Machbarkeit eines Kundenauftrags oder einer Anfrage in Echtzeit, unter der Berücksichtigung der definierten Restriktionen und der aktuellen Bestands- und Auslastungssituation in der gesamten abgebildeten Supply-Chain. Dabei werden die Supply-Chain-Konfiguration, die Substitutionsmöglichkeiten und alternative Auslieferungstermine bei der Berechnung einbezogen. Bei der Erzeu-

---

[94] Angaben des Herstellers Numetrix (1999), o. S.

gung von Lieferterminen wird die Verfügbarkeit und die Auslastung aller notwendigen Ressourcen berücksichtigt, um das früheste Lieferdatum zu errechnen.[95]
Unterstützung erhält diese Software durch **NetWORKS**, welches die Machbarkeit von Anfragen des Abnehmers via Internet in Echtzeit beantwortet.

Das **Global Available to Promise** von **SAP** führt eine mehrstufige Verfügbarkeitsprüfung mittels verschiedener Komponenten durch. Diese sind Basismethoden, aus ihnen gebildete-komplexe Methoden, darauf aufbauende Regeln und Erklärungs- und Simulationskomponenten. Hier wird simulativ die Auftragsgenerierung und die Einplanung durchgeführt, die auf den „scharfen Daten" aufsetzen und verschiedene Szenarien *(what-if-Analysen)* simulieren. Auch hier ist eine Verfügbarkeitsprüfung der Abnehmer via Internet möglich. Die Planung erfolgt wiederum constraint based und generiert einen realistischen Termin. Eine Ausführlichere Beschreibung der einzelnen Komponenten erfolgt im folgenden Kapitel.

Der **Planner** von **Baan** führt eine Verfügbarkeitsprüfung (ATP) und CTP (Capable to Promise) wiederum in Echtzeit durch und simuliert die zusätzliche Auftragseinlastung. Dabei können den einzelnen Aufträgen Prioritäten zugeordnet werden. Dem Kunden kann sofort ein Liefertermin angegeben werden, der termingerecht eingehalten werden kann. Das ATP betrachtet den Anteil der Bedarfsprognose eines Produktes, der noch nicht bestellt wurde, während CTP die benötigten Kapazitäten und das Material zur Herstellung des Produktes betrachtet. Das CTP kann unterbrechend und nicht-unterbrechend planen. Unter nicht-unterbrechender Einplanung versteht man die zusätzliche Auftragseinlastung in Täler des „Kapazitätsgebirges", ohne dabei den laufenden Plan zu ändern. Bei unterbrechender Planung werden bereits eingelagerte Aufträge verschoben. Die Simulation des Planner ermöglichen die Analyse des Einflusses auf den laufenden Plan, d. h. resultierende Terminüberschreitungen, Bestandsentwicklungen oder veränderte Kapazitätsauslastung durch die Einlastung von großen Aufträgen.

Die beiden Module **Available to Promise (ATP)** und **Capable to Promise (CTP)** von **Numetrix** ermöglichen die präzise Auskunftsfähigkeit des Lieferanten gegenüber seinen Kunden. Sollten die gewünschten Produkte nicht auf Lager sein, so wird über den **CTP** geprüft, ob diese Produkte gefertigt werden können. Falls dies der Fall ist, wird ein genauer Auslieferungstermin errechnet und dem Kunden mitgeteilt. Bei diesen Modulen werden Methoden wie die lineare Programmierung oder verschiedene Heuristiken verwendet.

---

[95] Vgl. *Luczak et al.* (1999), S 11.

Numetrix/xtr@ ermöglicht die direkte Kommunikation zwischen Lieferanten und Abnehmer über das Internet.

Das **Demand Fulfillment** der **Firma i2 Technologies** erstellt eine „vorab machbarkeitsge-prüfte Lieferterminzusage und ermöglicht die sofortige Auskunft am Telefon gegenüber dem Abnehmer."[96] Außerdem wird die Verfügbarkeit der Kapazitäten (CTP) überprüft. Die zeitabhängige Lieferfähigkeit des Unternehmens wird vollständig transparent bis hin zu den Details der Bedarfskette (z. B. Rohmaterialkauf oder Fertigung).

Das Demand Fulfillment ist in der Lage, den frühstmöglichen Liefertermin zu definieren. Dabei wird zunächst versucht, den Kundenwunschtermin zu befriedigen. Ist dies jedoch aus Material- und Kapazitätsgründen nicht möglich, sucht das Programm den Zeitpunkt, an welchem unter Berücksichtigung aller Restriktionen, die benötigten Kapazitäten wieder bereit stehen, um den Kunden zu beliefern.

PeopleSoft Auftragsoptimierung und **PeopleSoft Produktkonfigurator** „garantieren bei der Auftragserfassung zuverlässige Zusagen und ausführbare Produktkonfigurationen."[97] Bei der Auftragserfassung greift die Auftragsoptimierung auf ein aktuelles Datenmodell der Logistikkette zu. Das **PeopleSoft Order Promising** prüft in Echtzeit die Verfügbarkeit von Materialien und Ressourcen bevor ein definitives Lieferdatum unter Berücksichtigung der definierten Constraints dem Abnehmer zugesichert wird. Lösungsalternativen bezüglich Terminierung und Konfiguration lassen sich online erarbeiten und festlegen. Damit ist bereits bei der Auftragserfassung sichergestellt, daß die gewünschten Produktkonfigurationen zum vorgegebenen Termin geliefert werden können. Mit der einheitlichen Capability-to-Order (CTO) kann das komplette verfügbare Material, Distributionsbeschränkungen sowie Transportalternativen über die gesamte Supply-Chain überprüft werden. Bei der Verfügbarkeitsprüfung können eine Vielzahl von Parametern wie z. B. Zeitbegrenzung eingestellt werden. Die Suche nach einen Produkt oder einer freien Ressource bei der Verfügbarkeitsprüfung erfolgt über die gesamte Supply-Chain und überprüft alle vorhandenen Lagerbestände oder sucht alternative Produktionsstandorte. Das Unternehmen ist daher nicht mehr nur auf die vor Ort verfügbaren Lagerbestände und Kapazitäten beschränkt, sondern hat ein umfassendes Abbild aller zur Verfügung stehenden Alternativen innerhalb der Supply-Chain. Änderungen oder Ergänzungen von Abnehmeraufträgen werden sofort neu berechnet und eine erneute verläßliche Aussage kann getroffen werden.

---

[96] Angaben des Herstellers i2 Technologies (1999), o. S.
[97] Angaben des Herstellers PeopleSoft (1999), o. S.

Der **PeopleSoft Produktkonfigurator** sorgt dafür, daß besondere Produktspezifikationen, die der Kunde wünscht, exakt erfüllt werden. Die Integration des Produktkonfigurators in die anderen Module der Produktentwicklung und Produktionssteuerung vereinfacht die Planung der benötigten Ressourcen und Materialien für diese kundenspezifischen Produkte. Zeitaufwendige Abstimmungsprozesse sind bei den beiden Modulen, Auftragsoptimierung und Produktkonfigurator, überflüssig, da alle kritischen Werte zum frühest möglichen Zeitpunkt vollständig abgeprüft werden.

In der Gesamtbeurteilung kann man feststellen, daß alle untersuchten Softwarehersteller die Verfügbarkeitsprüfung anbieten, allerdings mit Unterschieden im Detail. So ist das CTP als Unterfunktion des ATP nicht in allen untersuchten Modulen enthalten.

Ein Informationsaustausch zwischen Abnehmer und Zulieferer über das Internet ist nur bei den Produkten von Manugistics, SAP und Numetrix möglich. Die anderen Anbieter müssen sicherlich hierhingehend noch Veränderungen in ihren Softwarelösungen durchführen.

Das Global ATP der Firma SAP bietet die meisten Verfahren und Methoden bei der Verfügbarkeitsprüfung (siehe auch im nächsten Kapitel), die sogar eine Kategorisierung der Kunden und der Aufträge zuläßt. Das Modul Rhythm von i2 Technologies legt besonderen Schwerpunkt auf die Planung von Alternativen, d. h. Bestände, Kapazitäten usw. Während ATP+ von Manugistics besonders Alternativtermine berechnet.

Beim PeopleSoft Order Promising werden, im Gegensatz zu den anderen Herstellern, spätere Änderungen des Auftrages durch den Abnehmer sofort neu berechnet, um neue Informationen über die Machbarkeit und einen neuen Auslieferungstermin geben zu können.

Das ATP von SAP wurde schon mehrfach erfolgreich bei verschiedenen Kunden aus verschiedenen Branchen installiert. Dabei hat die Verfügbarkeitsprüfung über das Internet technisch gesehen gut funktioniert. Allerdings hat sich gezeigt, daß einige potentielle Abnehmer die Machbarkeit bestimmter Aufträge über das Internet geprüft haben. Da ihnen kein Alternativvorschlag seitens des Zulieferers online genannt wurde, haben sie sich an einen anderen möglichen Zulieferer gewendet.[98] Hier ist noch Verbesserungsbedarf gegeben, d. h. die Software muß entsprechend flexibel gestaltet werden um langfristige Partnerschaften zu etablieren.

---

[98] Vgl. *Bothe* (1999), o. S.

3.2.6 Die strategische Entscheidungsunterstützung

Ein Modul, das die strategischen Entscheidungen unterstützt wird von allen betrachteten Softwareherstellern angeboten.

Das **Network Design & Optimization** von **Manugistics** überwacht und unterstützt als „intelligente" Komponente auf strategischer Ebene das gesamte Versorgungsnetz. Dieses Modul hat Einblick in die Anwendungen für Planung und Management und spürt Abweichungen und Ausnahmen auf. Vergleichbar den Intelligent Software Agents meldet er Veränderungen in Produktions- und Distributionsstandorten, analysiert diese und macht Vorschläge zur Optimierung. Desweiteren wird die gesamte Supply-Chain graphisch dargestellt.[99] Mit Hilfe der graphischen Modellierung der gesamten Supply-Chain und ihrer Geschäftssituationen kann die wirtschaftlichste Strategie empfohlen werden. Dem Entscheider wird eine schnelle Navigation durch die gesamte Wertschöpfungskette und deren Verflechtungen ermöglicht.[100]

Das **Supply Chain Cockpit (SCC)** von **SAP** dient der Modellierung, Steuerung und Navigation der unternehmensinternen und unternehmensübergreifenden Supply-Chain. Dieses Tool ermöglicht dem Planer die Visualisierung auftretender Alert-Meldungen und deren Rückverfolgung bis zu einem Bildschirm, der für die Problemlösung eingerichtet ist. Das **SCC** besteht aus dem **Cockpit Main Screen,** dem **Supply Chain Engineer** sowie dem **Alert Monitor.** Das **Cockpit Main Screen** ist die individuell zusammenstellbare graphische Oberfläche des SCC. Darin abgebildet sind der **Supply Chain Engineer** und der **Alert Monitor.** Der **Supply Chain Engineer** ist das Werkzeug für die Modellierung der aktuellen Supply-Chain mit Hilfe graphischer Bausteine. Innerhalb des **Cockpit Main Screen** kann durch die verschiedenen Tools (z. B. Demand Planning) navigiert werden. Der **Alert Monitor** dient der Anzeige und Sammlung der verschiedenen Warnmeldungen (early warning and communication system). Eine detaillierte Beschreibung des SCC ist im Kapitel über den APO enthalten.

Der **Planner** von **Baan** beinhaltet den **Supply Chain Designer.** Dieser dient der Modellierung, mit Hilfe des **Supply Chain Modellers,** und Optimierung aller Supply-Chains eines Unternehmens. Dabei werden die Infrastruktur der Supply-Chain, die Produktionsstandorte und deren Größe sowie die Verteilung der Materialien festgelegt. Außerdem werden Trans-

---

[99] Angaben des Herstellers Manugistics (1999), o. S.
[100] Vgl. *Luczak et al.* (1999), S. 4.

port- und Lagerstrategien, Kundenzufriedenheitsanalysen und Profitabilitätsstudien mit Hilfe dieses Moduls erzeugt. Auch können durch den **Simulationsszenarienmanager** des **Planners** Auswirkungen strategischer Entscheidungen simuliert und ausgewertet werden. Der Fluß durch die Supply-Chain kann entweder nach der Zielsetzung der minimalen Kosten oder des maximalen Gewinns optimiert werden. Ebenfalls werden dem Entscheider Alternativen in der strategischen Planung aufgezeigt. Dabei können Analysen für unterschiedliche Szenarien (*what-if-Analysen*) erstellt und die Ergebnisse in tabellarischen Übersichten verglichen werden. Einflüsse jeglicher Änderungen können in den Szenarios ermittelt und mit dem aktuellen Szenario graphisch verglichen werden. Somit kann der Entscheidungsträger Entscheidungen für die Strukturierung der Supply-Chain bzw. des Supply-Netzwerkes treffen.

Weitere Unterstützung erhält dieses Tool durch Analysewerkzeuge -- die sogenannten **MRP/DRP-, Planing** and **Net Change Engines.** Die MRP/DRP Engine gleicht Bedarf und Bestand über die gesamte Lieferkette ab und steuert den Bestand zu den Lieferzielpunkten. Die Planning Engine erstellt einen optimierten, belastungsorientierten Produktionsplan. Die Net Change Engines pflegen diesen Plan durch belastungsorientierte Auftragseinlastung, um die Kapazitätsauslastung zu ermitteln und den Produktionsplan nach unternehmerischen Zielwerten zu optimieren.[101]

Das **Enterprise Planning** der Firma **Numetrix** kann für die taktische und die strategische Planung der Unternehmensprozesse eingesetzt werden. Insbesondere das **Supply Chain Network Design** stellt strategische Aspekte in den Vordergrund. Bei der Erstellung strategischer Entscheidungen werden simultan alle Prozesse, Restriktionen, Kosten und Ziele einbezogen. Entscheidungen über die Errichtung oder Schließung von Produktionsstandorten und Outsourcing Entscheidungen werden durch entsprechende Vorschläge der Software unterstützt. Bei diesem Tool werden vor allen Dingen Veränderungen in der Nachfrage und deren mögliche Auswirkungen auf die Supply-Chain berücksichtigt. Verschiedene detaillierte Analysen können mit diesem Modul durchgeführt werden. Diese Analysen können sich beispielsweise auf Gewinn, neue Märkte, Marketing Aktionen, Subunternehmen oder fertige Produkte beziehen. Außerdem werden potentielle Auswirkungen von Fusionen, Akquisitionen oder Veräußerungen von Unternehmen auf die Supply-Chain simuliert. Neben der graphischen Darstellung des Supply-Netzwerkes wird der Entscheidungsprozeß in den strategischen Fragestellungen durch lineare und nicht-lineare Optimierungstools unterstützt.

---

[101] Vgl. *Luczak et al.* (1999), S. 25.

Bei **Rhythm** von **i2 Technologies** kann die komplette Supply-Chain mit Hilfe des **Supply Chain Modellers** modelliert werden. Zusätzlich zur Modellierung der bestehenden Supply-Chain bietet i2 mit dem **Supply Chain Strategist** ein Modul zur strategischen Planung und Optimierung der gesamten Supply-Chain. Das Programm bestimmt die optimale Kombination von Standorten und den entsprechenden Prozessen. *What-if-Analysen* geben den Entscheidungsträgern Unterstützung bei der optimalen Auslegung der Supply-Chain unter der Berücksichtigung der verschiedenen Unternehmensziele.[102]

Das **PeopleSoft Enterprise Planning** ermöglicht eine frühzeitige Festlegung der strategischen Unternehmensziele und leitet anschließend daraus einen optimalen strategischen Plan ab. Die Modellierung und Visualisierung der Supply-Chain wird ebenfalls in diesem Tool durchgeführt. Entscheidungen über Produktionsstandorte und über die Distribution der Fertigerzeugnisse werden hier festgelegt. Bei der Modellierung der Supply-Chain können alle Geschäftseinheiten miteinander verknüpft werden, wobei für einzelne Produkte oder Produktgruppen Standardwege und Transportarten angegeben werden können. Gleichzeitig ist dieses Tool in der Lage, Alternativen zu führen, die bei der Bearbeitung von Ausnahmen zur Konfliktlösung herangezogen werden können.

Die strategische Planung wird von den untersuchten Anbietern nahezu mit den gleichen Grundfunktionen geliefert. Dazu gehören die Bestimmung und die Visualisierung der Supply-Chain und die Festlegung auf Produktionsstandorte unter Beachtung der jeweiligen Restriktionen. Entscheidungen bezüglich Outsourcing werden nicht von allen Anbietern unterstützt (z. B. PeopleSoft). Das Supply Chain Cockpit von SAP bietet ein auf die individuellen Ansprüche des Planers abgestimmtes einfaches Navigieren durch die komplette Supply-Chain. Ebenfalls sind Simulationen, d. h. *what-if-Analysen* nicht in jeder Software enthalten. Die umfassende Simulationsfunktion des Planners von Baan ist sehr hilfreich bei der Festlegung von strategischen Zielen.

Das Erkennen von Abweichungen und Veränderungen jeglicher Art innerhalb der Supply-Chain wird am besten unterstützt durch die Tools von Manugistics und SAP. Bei diesen werden dem Entscheidungsträger bei der neuen Entscheidungsfindung zahlreiche Hilfestellungen geboten.

Der Bayer-Konzern hat zur Unterstützung der strategischen Planung seiner weltweiten Supply-Chain die Software von Numetrix eingeführt. Die Software ermöglicht ein Supply-

---

[102] Angaben des Herstellers i2 Technologies (1999), o. S.

Chain-Management, das übergeordneten Planungen im Bereich Material, Produktion, Distribution und Bedarf mit allen Ebenen der Planungshierarchie integriert. Konkret wurden valide Daten durch die Unterstützung der Software geliefert, durch die die Entscheidungsträger zum Beispiel wissen, daß die ersten Produktionsstufen am günstigsten an diesem oder an einem anderen Ort auszuführen sind. Während für die nachfolgenden Produktionsstufen ein anderer Ort besser geeignet und auch kostengünstiger ist.

„Die gesamte Supply-Chain wird mit Hilfe der Software dreidimensional modelliert und somit wird ein aussagekräftiges Modell erstellt, das die realen Probleme und Restriktionen berücksichtigt."[103]

3.2.7 Die unternehmensübergreifende Planung

Der Austausch von Informationen zwischen den Partnern und einer damit verbundenen unternehmensübergreifenden Planung (*Collaborative Planning*) wird von den meisten Herstellern unterstützt. In dieser Betrachtung wurde Rhythm von i2 Technologies nicht einbezogen, da nach Angaben des Herstellers „Abstimmung und Koordination zischen allen Teilnehmern der Supply-Chain integraler Bestandteil von Rhythm ist" und keine zusätzlichen Module für die unternehmensübergreifende Planung angeboten werden.[104]

Das Modul **NetWORKS** der Firma **Manugistics** verbindet die Geschäftsprozesse zwischen Zulieferer und Abnehmer über das Internet. Bedarfskennzahlen werden übermittelt um somit entsprechend die Kapazitäten für Produktion und Lager zu planen und zu steuern. Dispositionsrelevante Störungen innerhalb der Supply-Chain mit mehreren beteiligten Unternehmen werden über den **Intelligent Messenger** übermittelt. Die Verfügbarkeitsprüfung (ATP) kann ebenfalls via Internet durchgeführt werden. Kennzahlen wie Verfügbarkeit der Bestände und der Servicegrad können zur Unterstützung von Entscheidungen abgerufen werden. Das **Supply Chain Broadcast** zeigt den Beteiligten der Versorgungskette kritische Vorgänge an. Neue Kundenbedarfe oder Abweichungen in der Produktion werden mit Hilfe des Supply-Chain Broadcast schnell identifiziert. Durch die Bereitstellung wichtiger Kennzahlen wie Bestände, Liefertreue oder Prognosegenauigkeit, kann online über Alternativen entschieden werden.

---

[103] Angaben von Herrn Kuball, Global-DV-Manager, BAYER AG, Leverkusen , email vom 17.06.1999.
[104] Vgl. *Luczak et al.* (1999), S. 10.

Die **SAP AG** bietet mit dem **Business to Business Procurement (SAP BBP)** eine Internet-basierte Beschaffungslösung an. Dieses Tool wickelt den gesamten Zyklus von der Bestellanforderung bis zum Rechnungseingang über ein einziges Erfassungsbild ab. Die innerbetrieblichen Beschaffungsprozesse werden dadurch erheblich vereinfacht und ermöglichen einen schnellen und reibungslosen Fluß von Waren und Dienstleistungen zwischen Zulieferer und Abnehmer. Die Verfügbarkeitsprüfung (ATP) kann ebenfalls via Internet durchgeführt werden und gibt sofort Auskunft über die Verfügbarkeit oder Alternativen.

Der **Planner** der Firma **Baan** ermöglicht eine unternehmensübergreifende Planung der Supply-Chain. Grundgedanke beim Planner ist die Weiterleitung von Informationen vom Kunden über die unternehmensinterne Verwaltung des Materialflusses bis zu den externen Zulieferern und in umgekehrter Richtung, so daß ein geschlossener Informationszyklus entsteht. Hierbei werden Informationen für den Vertrieb via EDI oder Internet weitergeleitet. Diese Informationen werden nun unternehmensintern oder zu Zulieferern weitergeleitet, um schließlich den Kunden über die Durchführung seines Auftrages zu informieren.

Die Firma **Numetrix** bietet mit ihrem Tool **Numetrix/xtr@** ein unternehmens- und brachenübergreifendes Modul zur Planung und Optimierung von Supply-Chains und komplexen Supply-Chain Netzwerken über das Internet. Somit soll ein Collaborative Enterprise Network entstehen, das Geschäftsprozesse in Echtzeit entwickelt, die eine unternehmensübergreifende Zusammenarbeit zwischen Zulieferern, Produktion, Distribution und Kunden erlaubt. Durch die Möglichkeit des Zugriffs in Echtzeit auf große Datenmengen, die ursprünglich in den einzelnen Unternehmen verfügbar sind, kann eine exakte Planung und Auswertung durchgeführt werden. Dies ist die Voraussetzung für eine unmittelbare Reaktion auf Bedarfsschwankungen. Das Modul ermöglicht den beteiligten Unternehmen eine effiziente Koordination ihrer Geschäftsvorgänge und somit kann ein Optimum an Effektivität erzielt werden. Die Benutzer von Numetrix/xtr@ erhalten eine individuelle „Warnliste" falls es zu Problemen innerhalb der Supply-Chain kommt. Der Planer muß keine eigenen Abfragen mehr durchführen, sondern bekommt automatisch die Warnungen angezeigt. Das Modul ermöglicht beliebige Verbindungen und Kombinationen zwischen allen beteiligten Partnern. Die verschiedenen Kanäle der Zusammenarbeit zwischen Zulieferer und Abnehmer werden durch bestimmte Definitionen bestimmt. Dabei werden Geschäftsregeln für den Betrieb des Kanals, gezielte Informationen für die einzelnen Partner und der Zugriffsmodus für die Informationen festgelegt. Außerdem werden die Bedingungen oder Ereignisse, die einen Informationsaustausch oder eine Warnung auslösen, bestimmt.

Der **PeopleSoft Supply Chain Collaborator** ermöglicht eine abgestimmte Planung und Echtzeit-Kommunikation über das Internet mit Zulieferern und Kunden. Prognosedaten können gemeinsam mit den beteiligten Unternehmen genutzt, Produkte angefordert und Kapazitäten den Kunden offen zugänglich gemacht werden. Durch die verbesserte Koordination entlang der Supply-Chain kommt es zu niedrigeren Lagerbeständen. Außerdem können verläßliche Zusagedaten und schnellere Lieferungen realisiert werden.[105]

In einer zusammenfassenden Betrachtung der unternehmensübergreifenden Planung der Supply-Chain und dem Informationsaustausch innerhalb der Supply-Chain kann man feststellen, daß Manugistics, Numetrix, Baan und PeopleSoft geeignete Planungstools zur Verfügung stellen. Wobei Numetrix/xtr@ und der PeopleSoft Supply-Chain Collaborator das Collaborative Planning explizit als eigene Funktionalität anbieten. Die anderen betrachteten Modulen unterstützen in erster Linie Entscheidungen auf taktischer und operativer Ebene, als auch Planungsfunktionen.

Außer einer Beschaffungslösung und einer Verfügbarkeitsprüfung hat die SAP AG in diesem Bereich noch nichts anzubieten und hat hier sicherlich noch einen großen Nachholbedarf.

Der relativ kostengünstige Datenaustausch via Internet wird von allen betrachteten Modulen angeboten, einige Anbieter ermöglichen auch den Austausch mit EDI. Beim Datenaustausch mittels des Internets fehlt allerdings noch ein Standard, ähnlich wie das EDI. Dieser Standard wird wahrscheinlich von SAP oder anderen großen Anbietern definiert und von den Wettbewerbern übernommen. Zum anderen wird in vielen Unternehmen zunächst einmal die unternehmensinterne Supply-Chain optimiert bevor unternehmensübergreifende Optimierungen durchgeführt werden.[106]

Trotz der genannten Defizite gibt es bereits Beispiele funktionierender unternehmensübergreifender Planungen in der Zulieferer-Abnehmer-Beziehung, die aus dem Bereich des Handels kommen. Die Firma Numetrix hat bei der Herlitz PBS AG in Berlin in einem Pilotprojekt das lieferantengesteuerte Lager (VMI) mit seinen Großkunden eingeführt. Mit Hilfe des Numetrix/xtr@ werden alle für die Planung benötigten Daten via Internet zwischen den Unternehmen ausgetauscht. Die gesamten logistischen und informatorischen Supply-Chain-Prozesse, sowohl auf der Planungsebene als auch in der Durchführung, zwischen Herlitz und den Großhändlern können somit optimiert werden. Schon nach wenigen Monaten wurde eine Vermin-

---

[105] Angaben des Herstellers PeopleSoft (1999), o. S.
[106] Vgl. *Zencke* (1999) o. S.

derung der Lagerbestände um 20% erreicht. Verwaltungstechnische Arbeitsschritte wie Bestellungen bearbeiten oder Rechnungen schreiben wurden um über 50% reduziert.[107]

3.3 Die SAP APO Initiative als neuste Softwareentwicklung im Supply-Chain-Management

3.3.1 Die Funktionen und die Architektur des APO

Der APO (Advanced Planner and Optimizer) der SAP AG umfaßt eine umfangreiche Palette unterschiedlicher Planungs- und Optimierungstools für das SCM. Damit existiert nach Angaben des Herstellers seit Anfang 1999 die erste ganzheitliche Unternehmenslösung, die in bereits bestehenden ERP Systemen (SAP R/3 oder andere Systeme) vollständig integriert werden kann. Inzwischen wurde APO weiterentwickelt und bietet einige funktionsfähige Module für das SCM. In Abbildung 11 ist die Architektur des APO dargestellt.

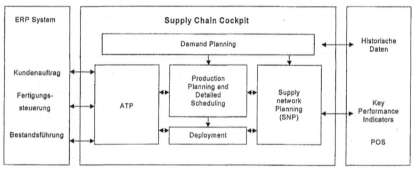

Abbildung 11: Funktionen und Architektur des Advanced Planner and Optimizer (APO)[108]

Der APO besteht aus dem Supply Chain Cockpit, dem Demand Planning, dem Supply Network Planning, Deployment, Production Planning and Detailed Scheduling und dem Global Available to Promise.

Die grobe Arbeitsweise des APO kann man wie folgt verdeutlichen: „Ausgangspunkt ist das *Demand Planning*, welches die Schätzungen der zukünftigen Bedarfe mit Hilfe von statistischen Methoden anhand von Vergangenheitswerten berechnet. Das Ergebnis ist dann die *Prognose Base Line*, die Grundlage zur Fixierung der Absatzpläne ist. In diesen Absatzplänen

---

[107] Angaben des Herstellers Numetrix (1999), o. S.
[108] Vgl. *Bothe* (1999), S. 71.

sind geplante und bestätigte Kundenaufträge enthalten. Diese Pläne werden dann an das *Supply Network Planning (SNP)* übergeben. Hier werden Bedarfe unter Berücksichtigung der vorhandenen Lagerbestände berechnet sowie Outsourcing-Entscheidungen getroffen. Bei Umplanungen oder Verschiebungen werden die entsprechenden Pläne wieder an das Demand Planning zurückgegeben, zwecks Erzeugung neuer Absatzpläne. Die vom SNP erstellten Produktionspläne werden anschließend an das *Production Planning and Detailed Scheduling* sowie das *Deployment* weitergeleitet. Das *ATP-Modul* stellt die Verbindung zum eingestzten ERP-System dar und erzeugt aus den Daten der Module *Deployment* und *Production Planning and Detailed Scheduling* die Verfügbarkeitsprüfung ."[109]

In diesem Kapitel werden die in der Zulieferer-Abnehmer-Beziehung wichtigen Module des APO und ihre Funktionen vorgestellt. Die Beschaffungslösung *Business to Business Procurement (BBP)* wird hier nicht näher betrachtet, da diese bereits eingehend im vorherigen Kapitel behandelt wurde.

3.3.2 Das Supply-Chain Cockpit (SCC)

Das **Supply Chain Cockpit** dient der Modellierung, Steuerung und Navigation der gesamten Supply-Chain auf strategischer Ebene. Das Cockpit ist als eine Art „Schalttafel" zu sehen, auf der der Planer alle relevanten Aktivitäten aufbauen kann (siehe dazu Anlage 1 u. 2 im Anhang). Dem Planer werden Probleme (Alerts) angezeigt und das SCC ermöglichen eine Rückverfolgung bis zu einem Bildschirm, der für die Problemlösung eingerichtet ist. Das SCC besteht aus dem **Cockpit Main Screen**, dem **Supply Chain Engineer** und dem **Alert Monitor**. Das **Cockpit Main Screen** ist die frei zusammenstellbare Benutzeroberfläche für die graphische Darstellung der Supply-Chain und die APO-spezifischen Planungsfunktionen. Im Cockpit Main Screen hat der Bediener die Möglichkeit, Informationen über aktuelle Situationen einzuholen, wie z. B. über einzelne Bestellungen, Lagerbestände oder verfügbare Mengen. Wichtig ist die zur Verfügung stehende Sammlung von betriebswirtschaftlichen Standardkennzahlen, sowie branchenspezifischen und kundendefinierten Kennzahlen (Key Performance Indicators).

Der **Supply Chain Engineer** ist das Werkzeug zur Modellierung der aktuellen Supply-Chain mittels graphischer Bausteine. Das in diesem Modul enthaltene Grundmodell kann durch die

---

[109] Vgl. *Diener et al.* (1999), S. 5.

Verwaltung zusätzlicher planungsrelevanter Einzelheiten beliebig erweitert und vervollstän-
digt werden.

Der **Alert Monitor** ist eine Teilkomponente des SCC zur Sammlung und Anzeige der verschiedenen Alert Meldungen (early warning and communication system). Dabei ist eine Prio-
risierung der Alerts möglich. Mögliche Prioritätsklassen sind Information, Warnung, Fehler.

Die folgende Abbildung zeigt das Supply-Chain Cockpit. Im rechten Teil des Bildschirms
wird die Supply-Chain graphisch dargestellt. Im unteren Bereich kann der Benutzer in die
verschiedenen Module navigieren. Der linke Teil des Bildschirms gibt die Möglichkeit, die an
der Supply-Chain beteiligten Unternehmen einzeln aufzurufen um nähere Informationen über
diese zu erhalten.[110]

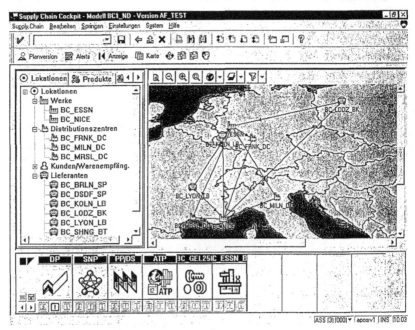

Abbildung 12: Supply-Chain Cockpit des SAP APO[111]

---

[110] Angaben des Herstellers SAP (1999), o. S.
[111] Screenshot der Firma SAP (Stand 15.06.1999).

3.3.3 Das Global Available to Promise

Informationen über verfügbare Mengen und Termine werden beim **Global Available to Promise (ATP)** auf Grundlage einer regelbasierten, mehrere Schritte umfassenden ATP-Prüfung vermittelt. Unter regelbasiert versteht man, daß regelabhängig bestimmte Prüfungen vorgenommen werden und in Abhängigkeit vom jeweiligen Prüfungszwischenergebnis unterschiedliche weitere Schritte durchgeführt werden. Der Grundgedanke dabei ist, daß man bei unzureichender Materialverfügbarkeit im wesentliche drei Möglichkeiten besitzt, die Materialanforderungen zu befriedigen. Zum einen kann ein äquivalentes oder unter Umständen besseres Material eingesetzt werden (*substitution, upgrading*). Als zweite Möglichkeit kann das benötigte Material von einem anderen Standort beschafft oder fremdbezogen werden (*sourcing*). Die dritte Alternative besteht in der Produktion des benötigten Produktes (*production*), d. h. die mehrstufige Auflösung einer Stückliste und das Prüfen der Verfügbarkeit erfolgt auf der jeweiligen angesprochenen Stufe, mit oder ohne Berücksichtigung der Kapazität.

Wie bereits im vorherigen Kapitel dargestellt, werden die Methoden des Global ATP in die folgenden Elemente gegliedert. Unter einer Methode versteht man eine Vorschrift, wie planmäßig nach einem bestimmten Grundsatz zur Erreichung festgelegter Ziel vorzugehen ist.[112]

1. **Basismethoden** stellen die unterschiedlichen Formen der im APO enthaltenen Verfügbarkeitsprüfung dar. Dazu gehören die aufgeführten Methoden:
   - Materialverfügbarkeitsprüfung gegen Bestand, geplante Zu- und Abgänge,
   - Materialverfügbarkeitsprüfung gegen einen Produktionsplan (Material/Werk),
   - Verfügbarkeitsprüfung gegen eine Infostruktur der konsistenten Planung (Kontingent),
   - Kapazitätsprüfung (im Fertigungsauftrag),
   - Einstufige Bestätigungsrechnung (Korrelation),
   - Sperrkonzept (erlaubt mehreren Nutzern die ATP-Prüfung parallel durchzuführen),
   - Neuterminierung und Rückstandsbearbeitung auf Materialebene,
   - Kontingentierung (umfaßt mehrere Schritte).

---

[112] Vgl. *Scheer* (1995), S. 82.

Eine der geplanten Neuerungen des APO ist die *Methode der Neuterminierung* (*rescheduling*) bzw. die Erkennung und Behebung von Rückstandssituationen, auf die im Rahmen dieser Arbeit nicht weiter eingegangen wird.

2. **Komplexe Methoden** stellen zunächst die Kombination/en einzelner Basismethoden dar, z. B. Materialverfügbarkeit und Kontingentierung. Darüber hinaus fallen unter das Verständnis der komplexen Methoden weiterhin die folgenden Themengebiete:

- Werksfindung,
- Materialfindung,
- Stücklistenauflösung mit mehrstufiger Bestätigungsrechnung.

Allgemein kann man sagen, daß das Objekt einer komplexen Methode eine Bedarfsgruppe ist, die gemeinsam einer Prüfung unterzogen wird. Das Ergebnis dieser Vielschrittprüfung kann sich aus der gemeinsamen Betrachtung der verschiedenen Einzelprüfungen zusammensetzen, z. B. bei der Suche nach dem geeigneten Werk kann der ursprünglich in einem Werk abgesetzte Bedarf aus mehreren Werken gedeckt werden.

3. Die **regelgesteuerte Verfügbarkeitsprüfung** ist ein iterativer Prozeß. Die im System hinterlegten Regeln bestimmen dabei jeweils den nächsten Prüfschritt. Schwerpunkt dabei ist die heuristische Betrachtung. Bei der Abarbeitung der Regeln wird in Abhängigkeit von Parametern wie Medium des Auftragseingangs, Kunde, Verkaufsorganisation, Material/Werk, Stücklistenebene, Produktgruppe oder Auftragsart festgelegt, welche Schritte auszuführen sind. Dabei wird folgendes ermittelt:

- Die komplexen Methoden, die ausgeführt werden sollen (z. B. Werksfindung oder Materialsubstitution),
- Die Bedarfsgruppen, für die der nächste Prüfungsschritt durchgeführt werden soll,
- Die Kriterien, nach denen die Ergebnisse des Prüfschritts gebildet werden sollen. Darunter fallen beispielsweise Bedingungen, unter denen ein Prüfergebnis angenommen oder abgelehnt wird (Menge/Termin) oder Vorschriften wie das single-plant-Fulfillment bei der Werksfindung.[113]

---

[113] Vgl. *Diener et al.* (1999), S. 9.

Zusammenfassend kann man feststellen, daß die regelgesteuerte Verfügbarkeitsprüfung dem Abnehmer, bereits genannte, verschiedene Alternativen anbieten kann um die Materialanforderungen zu befriedigen. Das folgende Schaubild zeigt die beschriebenen Möglichkeiten.

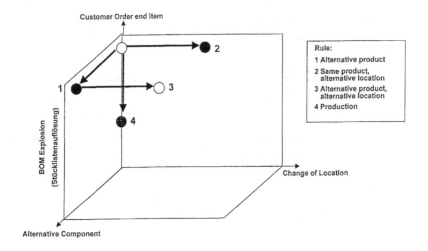

Abbildung 13: Dimensionen der regelbasierten Verfügbarkeitsprüfung[114]

3.3.4 Das Demandplanning

Das **Demand Planning (Absatz- und Bedarfsplanung)** beinhaltet verschiedene Prognose- und Planungswerkzeuge, die es dem Unternehmen ermöglichen, wechselnde Bedarfe so früh wie möglich wahrzunehmen und entsprechend markt- und bedarfsnah zu handeln. Dieses Modul unterstützt die folgenden Planungsprozesse.

Die **interaktive Planung (interactive Planning)** ermöglicht eine dynamische Planung, die auch mehrstufig erfolgen kann. Unterschiedliche Planungsebenen wie Einzelprodukte, Produktfamilien oder Marken können bei der Planung der Bedarfs integriert betrachtet werden. Die notwendige Synchronisation der Planungsdaten erfolgt in Echtzeit.

---

[114] Vgl. *Diener et al.* (1999), S. 10.

Dabei werden drei Planungsansätze simultan unterstützt.

- *Top-down*: Der übergeordnete Plan wird auf die Einzelpläne umverteilt.
- *Bottom-up*: Die Summe der Einzelpäne wird als Plan auf höhere Ebenen aggregiert.
- *Middle-out*: Veränderungen auf der mittleren Ebene, d. h. Produktfamilie, werden analog zur Top-Down-Strategie disaggregiert und auf höhere Ebene analog zur Bottom-Up-Strategie aggregiert.

Die **statistische Prognose (statistical Forecast)** analysiert die Verkaufsdaten mit Hilfe von Algorithmen. Dieser Planungsprozeß wird hier unterstützt, um automatisch Ist-Daten der Vergangenheit mathematisch zu analysieren, durch zusätzliche Informationen anzureichern und daraus einen Plan für die Zukunft zu erstellen. Dabei werden die im folgenden mathematischen Ansätze zur Verfügung gestellt.

Zum einen werden *Zeitreihenanalysen* durchgeführt, d. h. eine Zeitreihe der Vergangenheit wird entsprechend analysiert. Das Ergebnis dieser Analyse wird auf die Zukunft angewendet. Methoden, die bei der Zeitreihenanalyse verwendet werden sind:

- Exponentiale Glättung erster und zweiter Ordnung,
- Holt-Winters-Verfahren,
- Crostons-Methode,
- Kopieren aus der Vergangenheit,
- Regressionsanalyse.

Die *kausale Modellierung – Multivariate Prognose (causal analysis)* geht von einer zu erklärenden Variabel aus. Das sind in der Regel Zeitreihenmuster der Vergangenheit und Kausalvariablen, die versuchen, ein bestimmtes Verhaltensmuster zu erklären. Hierbei wird mit Hilfe der Multiplen Linearen Regression (MLR) und geeigneter Tests versucht, diesen Zusammenhang zu ermitteln. Typische Kausalfaktoren sind Preis oder saisonale Abhängigkeiten.

Bei der *kombinierten Prognose (composite forecast)* kann durch die Vorgabe von Gewichtungsfaktoren für die einzelnen genannten statistischen Verfahren ein kombiniertes Ergebnis errechnet werden. Begründung hierfür sind Untersuchungen, die belegt haben, daß die Kombination der verschiedenen Prognoseverfahren das Prognoseergebnis signifikant verbessern.

Die *strukturierte/schichtspezifische Prognose (multi-tier forecasting)* unterstützt, im Gegensatz zur kombinierten Prognose, einen mehrstufigen Planungsprozeß. Dabei dienen das Ergebnis einer Prognoserechnung als Eingabevariable eines zweiten Prognoseschritts. Die so ermittelten Prognosen erlauben die Ermittlung zuverlässiger Prognosen in einem mehrstufigen System.

Konsens-basierte Prognosen integrieren bzw. konsolidieren alternative Prognosen, die nach unterschiedlichen Geschäftszielen ausgerichtet sind, in einen einzigen vom gemeinsamen Konsens bestimmten Plan. Verschiedene Planungssichten und Berichte unterstützen die Teilnehmer bei dieser Entscheidungsfindung.

Im Gegensatz zur Konsens-basierten Prognose, wo eine innerbetriebliche Abstimmung erfolgt, wird bei der *unternehmensübergreifenden Prognose (collaborative forecasting)* eine Abstimmung zwischen Zulieferer und Abnehmer erzielt. Für diesen Abstimmungsprozeß werden Internettechniken wie email, chat oder andere angeboten.[115]

Eine Methode zur *Promotionplanung (promotional planning)* umfaßt gleichermaßen allgemeine Werbemaßnahmen und spezifische verkaufsfördernde Maßnahmen. Hier können der Erfolg von Werbeaktionen oder Sonderangeboten im voraus bewertet werden.[116] Auf diesen Bereich des Demand Plannings wird im Rahmen dieser Arbeit nicht näher eingegangen. Zur graphischen Verdeutlichung sei auf die Anlagen 3 und 4 im Anhang dieser Arbeit verwiesen.

Die *Statistical Forecasting Toolbox* enthält eine Sammlung aller für die Ausführung der vorgenannten Analyseschritte erforderlichen Methoden. Dabei stellt die Absatz- und Bedarfsplanung im APO alle praktischen und erprobten Methoden zur Verfügung. Das System erlaubt gleichzeitig die für die Ermittlung einer spezifischen Bedarfsart beste Methode auszuwählen. Die bekannten Methoden sind

- Das *Zeitreihenmodell* (Holt-Winters-Verfahren, Brown's exponentiale Glättung, Box-Jenkins-Modell, „naive model", „moving average", einfache lineare Regression),
- Das *Kausalmodell* (Nielsen-Daten),
- Das „*wertende Modell*" (subjektiver Ansatz).

Ohne die einzelnen Methoden näher zu erläutern, gehen alle drei Methoden jeweils davon aus, daß aus den Ergebnissen der Vergangenheit Aussagen über die Zukunft möglich sind. Als Spezialfunktion im Demand Planning ist das *Phase in – Phase Out* zur Unterstützung von Produktneueinführungen enthalten. Hier werden aus Vergangenheitsdaten Absatzpläne für neue ähnliche Produkte erstellt und das langsame Ersetzen eines alten Produktes durch ein neues simuliert.[117]

---

[115] Nach Angaben des Herstellers SAP noch in der Entwicklung.
[116] Vgl. *Diener et al.* (1999), S. 20.
[117] Angaben von Herrn Rückert, Entwicklungsabteilung, SAP AG, Walldorf, email vom 29.06.1999.

3.3.5 Das Supply Network Planning (SNP)

Das *Supply Network Planning (SNP)* dient der Erstellung eines mittel- und kurzfristigen zulässigen Planes zur Befriedigung der geschätzten Absatzmengen. Die einzelnen Kettenglieder des SNP sind die Zulieferer, Werke/Hersteller, das Distributionssystem sowie Händler. Ausgehend von einem Absatzplan bestimmt das SNP einen kurz- bis mittelfristigen Plan zur Befriedigung der geschätzten Absatzmengen. Dieser Plan umfaßt sowohl die Transportmengen als auch die zu produzierenden und zu beschaffenden Mengen. Alle logistischen Aktivitäten werden dem verfügbaren Kapazitätsangebot gegenübergestellt. Um diesen Planungsprozeß unterstützen zu können, wird das SNP in kleinere Teilmodule gegliedert, die im folgenden näher beschrieben werden.

Beim **lieferantengesteuerten Lager (Vendor Managed Inventory/VMI)** ist es von zentraler Bedeutung, die Bestände sowie die Absatzpläne des Abnehmers zu kennen. Eine enge Verzahnung mit der Absatzplanung ist daher offensichtlich. Ergebnis der VMI-Planung sind „Kundenaufträge" im kurzfristigen Bereich bzw. „geplante Kundenaufträge" für einen mittelfristigen Zeitraum. Bevor diese Aufträge tatsächlich generiert werden, sollte jedoch die Möglichkeit in Betracht gezogen werden, möglichst gut ausgelastete Transporteinheiten zu bilden und die Verfügbarkeit der Produkte sicherzustellen. Hierzu stehen verschiedene Algorithmen des *Transport Load Building* zur Verfügung.

Mit Hilfe des VMI ist es also möglich, einen Absatzplan für einen Abnehmer zu berechnen. Im Gegensatz zur traditionellen Absatzplanung wird jedoch nicht der Auftragseingang prognostiziert sondern vielmehr der Endverbraucherbedarf. Unter Berücksichtigung von vorhandenen Lagerbeständen und wirtschaftlichen Losgrößen wird dann der zu erwartende Auftragseingang abgeleitet. Diese Bedarfsschätzung bildet dann für die verbleibende Supply-Chain eine genauere Ausgangsbasis. Ein Kollaborationsprozeß wird mit Hilfe von EDI Nachrichten oder via Internet unterstützt.[118]

Mit Hilfe der **Distributionsplanung**, als Modul des SNP, werden bucket-orientiert die Mengen bestimmt, die an einen bestimmten Ort geliefert werden müssen, um Kundenbedarfe zu bedienen und ein gewünschtes Sicherheitsniveau einzuhalten. Dabei können Bedarfe von Abnehmern mittelfristig durch Absatzprognosen geschätzt werden. Neben der Sicherstellung einer Bedarfsdeckung dürfen Transport-, Produktions- und Lagerhaltungsressourcen nicht

---

[118] Vgl. http://www.sap-ag.de/germany/press (Stand 05.06.1999).

überlastet werden. Zur Planung dieses komplexen Problems stellt die Distributionsplanung als ein Teil des SNP sowohl *heuristische* als auch Verfahren der *mathematischen Optimierung* zur Verfügung.

Bei den *heuristischen Verfahren* zerfällt die Planung in die Schritte der Losgrößenbildung, in das Sourcing und die Kapazitätsbelastung. Als heuristische Verfahren der Losgrößenbildung sind insbesondere die Bestellpunkt – Bestellmengen, die Zeitreichweite, der Ziellagerbestand, die exakte Losgröße sowie die min-max Losgröße zu nennen. Heuristische Verfahren des Sourcing sind z. B. die Beschaffungspriorität oder der Beschaffungsanteil.

Bei den *Verfahren der mathematischen Optimierung* werden alle Entscheidungen simultan getroffen, d. h. es werden zugleich für mehrere Produkte Lagerhaltungs-, Transport- und Produktionskosten minimiert. Gleichzeitig wird sichergestellt, das keine Ressource überlastet wird. Auch beim Einsatz linearer Programme ist eine Aufspaltung des Gesamtproblems in mehrere Teilprobleme aufgrund der Problemkomplexität unumgänglich. Als Verfahren der mathematischen Optimierung wird beispielsweise die gemischt ganzzahlige lineare Optimierung (MILP= mixed integer linear programming), die Berechnung eines erwartungstreuen Schätzwertes für den Wert der Regressionsgeraden, die Flußoptimierung oder der Branch & Bound Algorithmus verwendet.

Ein weiterer Teil des SNP ist das **Deployment**. Im Gegensatz zur ATP-Prüfung, bei der versucht wird, **einen Bedarf** mit dem vorhandenen Angebot (im einfachsten Fall: mengenmäßiges Angebot, bei komlexer Prüfung auch Kapazitätsangebot) zu decken, ermittelt das Deployment, **welche Bedarfe** mit dem vorhandenen Angebot gedeckt werden können. Decken sich die geplanten Mengen (Angebot und Bedarf) mit tatsächlich realisierten Plänen, dann ist das Ergebnis des Deployments nur eine Bestätigung der vorherigen SNP-Planung. Reichen die vorhandenen Mengen nicht zur Deckung des Bedarfs aus, dann werden Methoden der *Fair-Share-Aufteilung* des Angebots bereitgestellt. Als *Fair-Share* Regeln stellt dieses Modul die prozentuale Aufteilung, die priorisierte Zuteilung und die gleiche Zielerreichung zur Verfügung. Im Falle eines mengenmäßigen Überangebotes bzw. bei einer Verknappung des Lagerraumangebots kann der Lagerbestand anhand von Push-Regeln im Distributionssystem verteilt werden. Dabei werden die folgenden Push-Strategien unterstützt:

- *Unbeschränkter Push*, d. h. weder der Angebots- noch der Bedarfshorizont werden eingeschränkt,
- *Kontrollierter Push* bedeutet, daß Angebots- und Bedarfshorizont eingeschränkt werden,

- *Gemischter Push* ist die Kombination von unbeschränktem und beschränktem Push.[119]

Bereits sehr operativ stellt sich das *Transport* **Load Building (TLB)** dar. Es dient in erster Linie der Zusammenstellung von geplanten Umlagerungen in transportfähige Einheiten. Bezieht sich die geplante Umlagerung auf einen VMI Kunden, so werden mit Hilfe des TLB Kundenaufträge erzeugt. Innerhalb des Unternehmens ist dies eine unternehmensinterne Umlagerung. Neben den Bedingungen wie maximales Gewicht, maximales Volumen und maximale Anzahle der Palettenplätze können weitere Bedingungen für VMI Kunden beachtet werden. Dies sind Vereinbarungen mit VMI Kunden, die eine erhöhte Flexibilität bei der Zusammenstellung der Transporte bieten.[120]

Die Darstellung, wie diese Tools auf dem Bildschirm aufgebaut sind, ist den Anlagen 5 bis 7 im Anhang dieser Arbeit abgebildet.

3.3.6 Bewertung des SAP APO

In einer zusammenfassenden Betrachtung des SAP APO wurde festgestellt, daß hier keine grundsätzlich neuen Ansätze verfolgt wurden. Vielmehr hat SAP bereits existierende Lösungen der Wettbewerber übernommen und verfeinert. So bietet der APO wohl die größtmögliche Auswahl an statistischen Methoden zur Berechnung von Prognosen, sowie weitreichende Möglichkeiten zur Kombination dieser. Die betriebswirtschaftlichen Funktionen, die vorher schon eingehend betrachtet wurden, werden vom APO durchweg abgedeckt, wobei einige Module noch in der Entwicklungsphase sind und erst Ende dieses Jahres auf den Markt kommen.

Ansprechend ist die graphische Aufbereitung des Bildschirminhaltes (siehe Anhang), die dem Entscheider einen guten Überblick und ein leichtes Navigieren durch die verschiedenen Module ermöglicht. Das Supply Chain Cockpit, welches Warnmeldung und sämtliche betrieblichen Daten sichtbar macht, ist in dieser Form einmalig und unterscheidet sich von den anderen Herstellern dadurch, das der Entscheider bis zu dem für die Problemlösung zuständigen Monitor navigieren kann. Ein weiterer Vorteil des APO ist die integrierte Plattform, d. h. die

---

[119] Vgl. *Diener et al.* (1999), S. 17 ff.
[120] Angaben des Herstellers SAP (1999), o. S.

einzelnen Module greifen auf die gleichen Planungsdaten zu. Allerdings kann der APO nur in Verbindung mit einem bereits existierenden ERP-System eingesetzt werden.

4 Zusammenfassung und Ausblick

Es wurde gezeigt, welche betriebswirtschaftlichen Funktionen in der Zulieferer-Abnehmer-Beziehung von den zur Zeit auf dem Markt erhältlichen Standardsoftwarelösungen abgedeckt werden. Dabei wurden die Einsatzmöglichkeiten sowie der Leistungsumfang speziell in der Zulieferer-Abnehmer-Beziehung der Software untersucht. Hier wurde festgestellt, daß von den meisten Unternehmen ähnliche Produkte angeboten werden. Diese unterscheiden sich allerdings teilweise stark in ihrem Leistungsumfang. Einige der SCM-Module sind mit einer Vielzahl unterschiedlicher Teilfunktionen ausgestattet, die nicht von jedem Unternehmen unbedingt benötigt werden, andere haben hier noch Nachholbedarf was den Leistungsumfang ihrer Module angeht.

Die einzelnen Module erfüllen zum größten Teil die an sie gestellten betriebswirtschaftlichen Aufgaben. Grundlagen des SCM wie simultane Planung oder eine Planung mit Restriktionen (constraint based) sind in den Modulen ausreichend berücksichtigt worden.

Die Verfügbarkeitsprüfung ist bei allen Softwareanbietern nahezu identisch aufgebaut. Die Prüfung der Verfügbarkeit in Echtzeit stellt eine wirkliche Neuerung dar und ist schon jetzt technisch gesehen recht gut entwickelt und auch eingesetzt worden.

Die Absatzplanung bedient sich ebenfalls bei den meisten Softwarelösungen eines großen Angebots verschiedener statistischer Methoden. Gerade der SAP APO bietet eine Vielzahl statistischer Methoden um verschiedenen Prognosen zuverlässig durchführen zu können.

Bei der Beschaffungsplanung zeigen sich besonders bei der Übermittlung von Bestelldaten noch Mängel. EDI oder Internetanbindung wird nicht bei allen Softwarelösungen unterstützt, sollte allerdings hier zum Standard gehören.

Die bisherige Entwicklung ist dadurch gekennzeichnet, daß SCM-Software in erster Linie zur Verbesserung der innerbetrieblichen Logistik eingesetzt wurde. Das eigentliche Ziel des SCM ist aber die Optimierung der gesamten Supply-Chain. „Die Praxis zeigt allerdings, daß SCM-Tools fast ausschließlich Verwendung innerhalb eines Unternehmens und nur selten über mehrere Unternehmen hinweg finden. Hier gibt es anscheinend Hindernisse in der Zusammenarbeit, die durch den Einsatz von Informationstechnologie allein nicht zu lösen sind."[121]

---

[121] Vgl. *Kuhn et al.* (1998), S. 8.

Gerade in der unternehmensübergreifenden Planung einer Supply-Chain werden, mit Ausnahme einiger positiver Ansätze, keine ausgereiften Lösungen gezeigt. Der Austausch relevanter Daten erfolgt in der Zulieferer-Abnehmer-Beziehung schon teilweise problemlos, was durch die geschilderten Fallbeispiele belegt wurde. Hier hat schon seit Jahren die Automobilindustrie eine Vorreiterrolle gespielt. Die Software wird sich in den nächsten Jahren diesen Problemen stellen müssen und wird aller Voraussicht nach Lösungen und Standards finden. Das Problem des Austausches von sensiblen Unternehmensdaten ist ein wesentliches größeres Problem als die Umsetzung unternehmensübergreifender Planung mittels Informationstechnik. Hier bestehen noch einige Barrieren, die überwunden werden müssen.

Trotz des Einsatzes modernster Technik und Software hat das Supply-Chain-Management Grenzen. Es ist nicht damit getan, SCM-Tools einzuführen. Vielmehr sind oft tiefgreifende Änderungen in der Organisation und im Informationsfluß im und zwischen den Unternehmen umzusetzen. Außerdem sind die Supply-Netzwerke extrem komplex, was das Verständnis erschwert und zu Akzeptanzproblemen im operativen Bereich führen kann. Desweiteren sind die Vorteile einer engpaßorientierten Planung auf Basis moderner Algorithmen noch unzureichend bekannt und für potentielle Anwender schwer nachvollziehbar.

Als weitere Grenze des SCM kann auch die Dynamik innerhalb der Supply-Netzwerke gesehen werden. Durch einen schnellen Wechsel der externen Partner, der Informationssysteme und der Marktgegebenheiten kann eine IT-Integration schwer nachkommen. Wohl auch aus diesem Grund haben bisher sehr wenige Unternehmen eine Vernetzung mit externen Partnern erreicht. Ernüchternd sind in diesem Zusammenhang die bereits gemachten Erfahrungen bei Installationen von IT-Projekten. Danach sind 28 % aller IT-Projekte fehlgeschlagen und weniger als 30 % von diesen haben zur Wertschöpfung des Unternehmens beigetragen.

Es ist bereits heute abzusehen, daß Bestandsverringerungen durch den Einsatz von SCM-Software von bis zu 60 %, erzeugt werden können durch reduzierte Sicherheitsbestände, virtuelle Bestände und Bestands-sharing. Außerdem werden Reduzierungen der Durchlaufzeiten durch abgestimmte Prozeßketten um bis zu 50 % erzielbar sein. Die Optimierung der gesamten Wertschöpfungskette wird Gewinnsteigerungen von bis zu 30 % der beteiligten Unternehmen ermöglichen.[122]

---

[122] Vgl. http://www.lis.iao.fhg.de/SCM/informationen/einfuehr/4_Kapitel/1_Seite.cfm (Stand 07.07.1999).

Die weitere Entwicklung der Standardsoftware für das SCM wird sich voraussichtlich in Richtung integrierter Systeme, d. h. eine neue Generation der ERP-Software, bewegen. Ob die unternehmensübergreifende Planung und Steuerung der Supply-Chain einen größeren Stellenwert bekommt als bisher, bleibt abzuwarten.

Literaturverzeichnis

Alard, R. (1999):   Innovationstreiber im Supply Chain Management, in: iomanagement, Nr. 5 (1999).

Baan Development B. V. (1998):   Intelligente Supply Chain Planung, o. O. 1998.

Baan Development B. V. (1998):   Absatzplanung und –prognose, o. O. 1998.

Baan Development B. V. (1998):   Intelligentes Betriebsdatenmanagement, o. O. 1998.

Baan Supply Chain Solutions (1999):   http://baanscs.baan.com (Stand 07.07.1999).

Beutel, Andreas (1998):   Kundenindividuelles Supply-Chain Management – Logistiksoftware richtig einsetzen, in: Tagungsband zum 14. Deutschen Logistikkongreß, München 1998.

Bothe, Matthias (1999):   Supply Chain Management mit SAP APO – Erste Projekterfahrungen, in: Praxis der Wirtschaftsinformatik Heft 207 (1999).

Boutellier, Roman (1998):   Beschaffungslogistik: mit praxiserprobten Konzepten zum Erfolg, (Hanser) München et al. 1998.

Bowersox, D. J.; Closs, D. J. (1986):   Logistical Management: The integrated Supply Chain Process, 3rd ed., New York et al. 1986.

CD-ROM (1999):   Easy Learning for Supply Chain Management, Demoversion, IDS Scheer AG, o. O. 1999.

Christopher, Martin (1998):   Just-in-time and 'quick response' logistics, (Pantek Art) London 1992.

Copacino, William C. (1997):   Supply Chain Management, The Basics and Beyond, (St. Lucie Press) Falls Church (1997).

Dantzer, Ulrich; Petersen, Uwe (1999):   Supply Chain Management: Die Basis für Kooperation, Logistik Heute, 5-1999.

Diener et al. (1999):   APO-Entwicklungsprogramm, Komponenten im Überblick, o. O. 1999.

Dinkelaker, S. (1997):   EDI läßt Unternehmen zusammenwachsen, in: ZWF Zeitschrift für Wirtschaftlichen Fabrikbetrieb, 92 (1997).

Fraunhofer Gesellschaft IAO (1999):   http://www.lis.iao.fhg.de/scm (Stand 07.07.1999).

Gartner Group (1999):   http://www.gartner.com (Stand 30.05.1999).

Gattorna, John L. (1998):	Strategic Supply Chain Alignment, (Gower) Brookfield (1998).
Günther, Hans-Otto et al. (1998):	Moderne Softwaretools für das Supply Chain Management, in: ZWF Zeitschrift für Wirtschaftlichen Fabrikbetrieb, 93 (1998).
i2 Technologies GmbH (1998):	Digital – Fallstudie, o. O. 1998.
i2 Technologies GmbH (1999):	Firmenbroschüre: Unternehmensprofil, o. O. 1999.
i2 Technologies GmbH (1999):	Firmenbroschüre: Lösungen zur Planung und Optimierung der Supply Chain, o. O. 1999.
i2 Technologies Inc. (1999):	http://www.i2.com (Stand 07.07.1999).
IDS Scheer AG (1999):	http://www.ids-scheer.de (Stand 07.07.1999).
Isermann, Heinz (1998):	Logistik : Gestaltung von Logistiksystemen, 2. überarb. u. erw. Aufl., (Moderne Industrie) Landsberg/Lech 1998.
Kansky, Dirk; Weingarten, Ulrich (1999):	Supply Chain: Fertigen, was der Kunde verlangt, in: Harvard Business manager, 4/1999.
Kiesel, Jens (1997):	Fachwörter der Logistik : deutsch – englisch ; English – German = Logistics dictionary, (MCD Verlag) Erlangen et al. 1997.
Klaus, Peter et al. (1998):	Gabler-Lexikon Logistik: Management logistischer Netzwerke und Flüsse, (Gabler) Wiesbaden 1998.
Kroker et al. (1999):	Supply Chain Management – was leistet die Software ?, in: itav Industrielle Informationstechnik, 1/1999.
Kuhn, Axel et al. (1998):	Anforderungen an das Supply Chain Management der Zukunft, in: Information Management & Consulting 13 (1998) 3.
Luczak et al. (1999):	SCM-Systeme: Auswahlkriterien, Anforderungen, Marktüberblick, in: Tagungsband zur Konferenz „Logistikinnovationen 1999", Saarbrücken 16.-17. Juni 1999.
Luczak et al. (1999):	Marktspiegel Supply Chain Software, Aachen 1999.
Maloni, M. J.; Benton W. C. (1997):	Supply Chain partnerships: Opportunities for operations research, in: European Journal of Operational Research, 101/1997, S. 419-429, Amsterdam 1997.
Manugistics Deutschland GmbH (1999):	Mit Supply Chain Management die Wertschöpfungskette im Griff, o. O. 1999.

Manugistics Deutschland GmbH (1999): Material Planning, Delivering profitability through optimized materials allocations, o. O. 1999.

Manugistics Deutschland GmbH (1999): VMI/CRP, Driving higher levels of service with less inventory, o. O. 1999.

Manugistics Deutschland GmbH (1999): Transportation Management, An enterprise-wirde solutio for global transport, o. O. 1999.

Manugistics Inc. (1999): http://www.manugistics.com (Stand 07.07.1999).

Numetrix Deutschland GmbH (1997): Fallstudie: Bayer AG setzt auf Numetrix, o. O. 1997.

Numetrix Deutschland GmbH (1997): Fallstudie: Numetrix/3-Anwender gewinnt den Preis „Logistikunternehmen des Jahres 1997", o. O. 1997.

Numetrix Deutschland GmbH (1998): Fallstudie: Strategische IT-Kooperation zwischen Numetrix und Herlitz, o. O. 1998.

Numetrix Deutschland GmbH (1998): Pressemitteilung: Numetrix entwickelt Echtzeit-Lösung für unternehmensübergreifende Zusammenarbeit via Internet, München 1998.

Numetrix Deutschland GmbH (1999): div. Firmenbroschüren: Collaborative Enterprise Networ o. O. 1999.

Numetrix Limited (1999): http://www.numetrix.com (Stand 07.07.1999).

O. V. (1997): Internet-Nutzung als Chance für Unternehmen, o. O. 199

O. V. (1999): Intelligent Supply Chain Planning and Optimization, in: Logistik Praxisseminar, Berlin 1999.

O. V. (1999): Supply Chain Management nicht mehr in den Rückspieg schauen, in: IT.Services, Heft 1-2/99.

O. V. (1999): Effektivere Kommunikation in der Supply Chain, in: ZW Zeitschrift für wirtschaftlichen Fabrikbetrieb, 94 (1999).

PeopleSoft GmbH (1999): http://www.peoplesoft.com (Stand 07.07.1999).

PeopleSoft GmbH (1999): Firmenbroschüre: PeopleSoft Supply Chain Managemen o. O. 1999.

Pfohl, H.-Chr. (1999): Informationsfluß in der Logistikkette: EDI – Prozeßgestaltung – Vernetzung, o. O. 1997.

Poirier C. und Stephen Reiter (1997): Die optimale Wertschöpfungskette: Wie Lieferanten, Produzenten und Handel bestens zusammenarbeiten, (Campus) Frankfurt/Main et al., 1997.

Ruppert, Marion (1997):
Die Just-in-Time-Beschaffung aus Sicht der Zulieferindustrie, (Lang) Frankfurt et al. 1997.

SAP AG (1997):
An Integrated Vision for High-Performance Supply Chain Management, o. O. 1997.

SAP AG (1999):
http://www.sap.com (Stand 07.07.1999).

Scheer, August-Wilhelm (1995):
Wirtschaftsinformatik, Referenzmodelle für industrielle Geschäftsprozesse, sechste Auflage, (Springer) Berlin et al. 1995.

Scheer, August-Wilhelm (1998):
ARIS-Modellierungsmethoden, Metamodelle, Anwendungen, 3. Aufl., (Springer) Berlin et al. 1998.

Scheer, August-Wilhelm (1999):
SCM: Von Logistikinseln zu Logistiknetzwerken, in: Tagungsband zur Konferenz „Logistikinnovationen 1999", Saarbrücken 16.-17. Juni 1999.

Schmidt, Günter (1996):
Informationsmanagement : Modelle, Methoden, Techniken, (Springer) Berlin 1996.

Schmidt, Günter (1997):
Prozessmanagement, Modelle und Methoden, (Springer) Berlin et al. 1997.

Scholz-Reiter, Bernd; Jakobza, Jens (1999):
Supply Chain Management – Überblick und Konzeption, in: HMD Praxis der Wirtschaftsinformatik, Heft 207 (1999).

Schönsleben, Paul (1998):
Integrales Logistikmanagement: Planung und Steuerung von umfassenden Geschäftsprozessen, (Springer) Berlin et al. 1998.

Seidel et al. (1999):
SCM Marktübersicht Anspruch und Wirklichkeit, in: Logistik heute, 5 (1999).

Supply Chain Council (1999):
http://www.supply-chain.org (Stand 05.06.1999).

Urban, Georg (1999):
Supply Network: Netzwerkmanagement aus Organisations- und IuK-Sicht. Bericht aus der Daimler Chrysler Forschung, in: Tagungsband zur Konferenz „Logistikinnovationen 1999", Saarbrücken 16.-17. Juni 1999.

Vahrenkamp, Richard (1996):
Produktions- und Logistikmanagement, 2., verb. Auflage, (Oldenbourg) München et al. 1996.

Zencke, Peter (1999):
Supply Chain Management als Teil der New Dimensions Initiativen der SAP AG, in: Tagungsband zur Konferenz „Logistikinnovationen 1999", Saarbrücken 16.-17. Juni 1999.

Anlage 1: APO Plantafel (Screenshot der SAP AG)

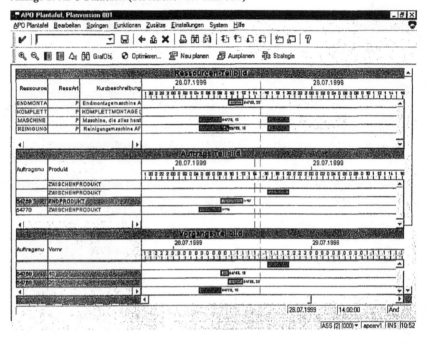

Anlage 2: Supply Chain Cockpit (Screenshot der SAP AG)

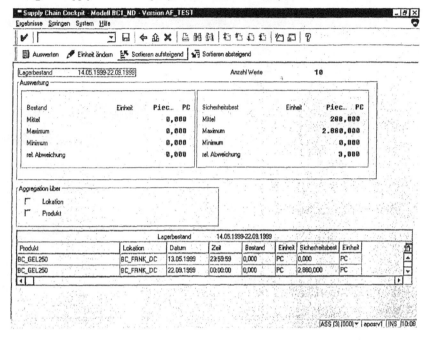

Anlage 3: APO Prognose (Screenshot der SAP AG)

APO: Prognose

Planung Bearbeiten Springen Einstellungen System Hilfe

Stat   MLA   COMP   Graphik ein/aus

Dimensionen   Se   ND_Planung   Forecast   Causal   Composite

Planungsdimensionen

Dimensionen
- Artikel
  - ND_Artikelgruppe
  - ND_Artikelnummer
    - ARTIKEL 01
    - ARTIKEL 02
    - ARTIKEL 03
    - ARTIKEL 04
    - ARTIKEL 05
    - ARTIKEL 06
    - ARTIKEL 07
    - ARTIKEL 08
    - ARTIKEL 09
    - ARTIKEL 10
    - ARTIKEL 11
    - ND_ARTIKEL1
    - ND_ARTIKEL2
- Kunde
  - ND_Kundenschlüssel

	ME	W 24.1999	W 25.1999	W 26.1999	W 27.1999	W 28
Istzahlen						
Ist-Absatz	VKE					
Prognoserechnung						
Prognose_Baseline	VKE	10839	10839	10839	10839	
korr. Prognose	VKE	13408	15407	16846	14004	
konkrete KAM-Promo	VKE	1218	2217	2904	1689	
geschätzte Promo (%)	VKE					
Netto-Prognose	VKE	13408	15407	16846	14004	
manuelle Korrektur	VKE					
endgültige Prognose	VKE	13408	15407	16846	14004	
Prognosegenauigkeit						
net. Prog. letz. Wo.	VKE					
Fehler Netto Progn.						
end. Prog. letz. Wo.	VKE					
Fehler Endg. Progn.						
Fehlerschwelle						

ASS [2] [000]   aposrv1   INS 10:20

Anlage 4: APO Prognose (Screenshot der SAP AG)

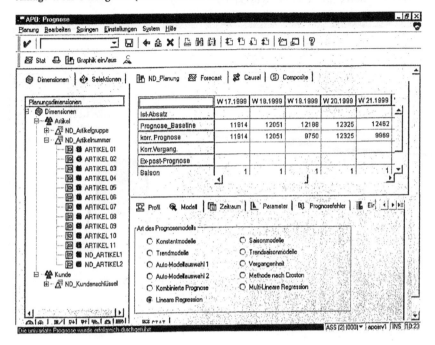

Anlage 5: DPS Optimierer (Screenshot der SAP AG)

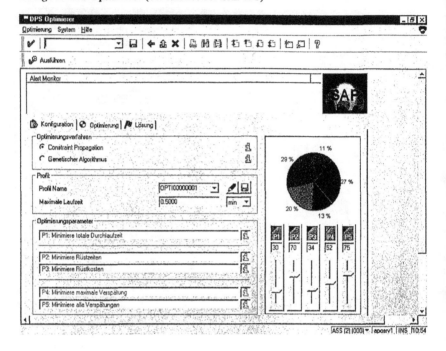

Anlage 6: Produktsicht ENDPRODUKT (Screenshot der SAP AG)

Produktsicht: ENDPRODUKT

Model Bearbeiten Springen Einstellungen Plantafel System Hilfe

☐ Auftrag   ☐ Prod. planen   △ Alert Monitor...   Strategie...

Produkt   ENDPRODUKT
Lokation   WERK SAARLAND   Planversion   001
Kontierung

⊞ Elemente | ⊞ Perioden | ⊞ Bestand | ⊞ Produktstamm

Bed.-/Verf.termi	Bed.-/Verf.zi	Kategorie	Zu-/Abgangselement	Ziel/Quelle	Best. Menge / Gutmen	Alert M	Überschuß/Fehlmen	ME
28.07.1999	14:00:00	PL-AUF	000000054769	WERK SAARLAND	70	⊙⊙⊙	0	STK
28.07.1999	14:00:00	K-AUFT	intern	WERK SAARLAND	70-	⊙⊙⊙	0	STK

ASS (2) (000) ▼ aposrv1 INS 10:43

Anlage 7: Auftrag bearbeiten APO Planauftrag (Screenshot der SAP AG)

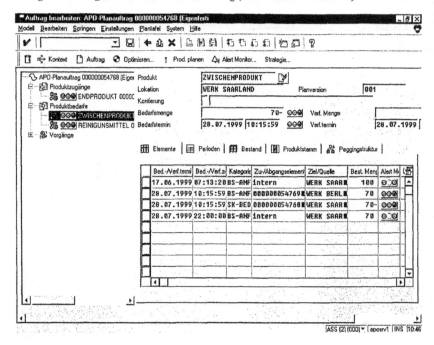

Versicherung

Hiermit versichere ich, daß ich diese Arbeit selbständig angefertigt habe, keine anderen als die angegebenen Hilfsmittel benutzt und alle wörtlichen oder sinngemäßen Entlehnungen deutlich als solche gekennzeichnet habe.

Saarbrücken, 13.07.1999

Diplomarbeiten Agentur

Die Diplomarbeiten Agentur vermarktet seit 1996 erfolgreich
Wirtschaftsstudien, Diplomarbeiten, Magisterarbeiten, Dissertationen
und andere Studienabschlußarbeiten aller Fachbereiche und Hochschulen.

Seriosität, Professionalität und Exklusivität prägen unsere Leistungen:

- Kostenlose Aufnahme der Arbeiten in unser Lieferprogramm
- Faire Beteiligung an den Verkaufserlösen
- Autorinnen und Autoren können den Verkaufspreis selber festlegen
- Effizientes Marketing über viele Distributionskanäle
- Präsenz im Internet unter **http://www.diplom.de**
- Umfangreiches Angebot von mehreren tausend Arbeiten
- Großer Bekanntheitsgrad durch Fernsehen, Hörfunk und Printmedien

Setzen Sie sich mit uns in Verbindung:

Diplomarbeiten Agentur

Dipl. Kfm. Dipl. Hdl. Björn Bedey –
Dipl. Wi.-Ing. Martin Haschke ——
und Guido Meyer GbR ————

Hermannstal 119 k ————
22119 Hamburg ————

Fon: 040 / 655 99 20 ————
Fax: 040 / 655 99 222 ————

agentur@diplom.de ————
www.diplom.de ————

Diplomarbeiten Agentur

www.diplom.de

- **Online-Katalog**
  mit mehreren tausend Studien

- **Online-Suchmaschine**
  für die individuelle Recherche

- **Online-Inhaltsangaben**
  zu jeder Studie kostenlos einsehbar

- **Online-Bestellfunktion**
  damit keine Zeit verloren geht

**Wissensquellen
gewinnbringend nutzen.**

**Wettbewerbsvorteile
kostengünstig verschaffen.**